Tom Reimer

Von der Stadt im Wald in das Land der Bäume

AF176207

Zu diesem Buch

Dieses Buch musste geschrieben werden, weil es u. a. den ganz guatemaltäglichen und deutschen Wahnsinn beschriebt und irgendwo zwischen nützlichem Lebensratgeber, Konglomerat und gesammelten Werken verortet werden will. Aber, bitte, liebe Leser, entscheiden Sie selbst! Weiterhin will es auf manchmal erschreckend menschliche Art und Weise darauf hinweisen, dass wir auf der Welt alle nur Gäste sind, die kommen und gehen. Demnach sollten wir uns und die anderen Gäste um uns herum wohlwollend behandeln und ein Leben führen nach dem Motto: „Lassen wir auch noch etwas für die nächsten Gäste übrig, damit es sich lohnt zu kommen!".

Zum Autor

Tom Reimer ist 1980 in Darmstadt in Deutschland geboren, ist seit 2009 Diplom-Sozialarbeiter/-Sozialpädagoge (Fachhochschule) und seit 2015 Deutschlehrer im Internet. Nach Stationen in Berlin und Luzern hat er 2011 geheiratet und lebt seit 2012 in Guatemala in Mittelamerika und freut sich des Lebens. Letztendlich haben die Liebe, die netten Menschen, der gute Kaffee und das schöne Wetter (es wird auch als das Land des ewigen Frühlings bezeichnet) ihn dorthin gebracht.

Anmerkung

Ich habe versucht, alle Quellen nach bestem Wissen und Gewissen anzugeben. Schicken Sie bitte Ihre Verbesserungsvorschläge oder hilfreiche Hinweise an die E-Mail-Adresse:

tom-reimer@web.de

Vielen Dank!

Tom Reimer

VON DER STADT IM WALD IN DAS LAND DER BÄUME

EIN ALTERNATIVER LEBENSRATGEBER FÜR MIGRANTEN UND ANDERE MENSCHEN

Bibliografische Information der Deutschen Nationalbibliothek:
Die Deutsche Nationalbibliothek verzeichnet diese Publikation in der Deutschen Nationalbibliografie; detaillierte bibliografische Daten sind im Internet über http://dnb.dnb.de abrufbar.
1. Auflage Oktober 2022
© 2022 Tom Reimer
Lektorat: Hanne Reimer
Korrektorat: Wolfgang Reimer

Herstellung und Verlag: BoD – Books on Demand, Norderstedt
    ISBN: 978-3-7568-3510-2

Für MERCEDES und LEO

Inhalt

I

Vorwort

Die Grundlegenden Aktivitäten „Jagen und Sammeln" gehören zur menschlichen Entwicklung, die fast immer auch mit einer nomadischen oder halbnomadischen Tätigkeit verbunden war, die bis heute zum Überleben von Menschengruppen beitragen*. Auch wenn der moderne Mensch heutzutage oftmals nur noch Bussen, dem neuesten Handymodell und Schnäppchen hinterherjagt oder Strafzettel und Freundschaften in sozialen Netzwerken sammelt, können wir von diesen Aktivitäten wieder sehr viel lernen. Denn in der heutigen Zeit zählen Kommunikation und Migration zu den Aktivitäten, die hauptsächlich Konsum- und individuelle Bedürfnissen befriedigen sollen.

Vielleicht suchen wir aber noch etwas ganz anderes. Aber unsere Kommunikation und Migration wird heute durch Reizüberflutung und Überinformation gestört und wir werden von wichtigeren Themen abgelenkt. Kommunikation muss also im besten Falle einfach, klar und verständlich sein. Bei unserer heutigen Kommunikation ist weiterhin erkennbar, dass Männer ihre Kommunikation oft nutzen, um tendenziell eher den Konkurrenzkampf, eigene Aggressionen und Interessen auszuleben. Während Frauen ihre Kommunikation öfter nutzen, um sozial zu agieren und als Vermittlerinnen (Botschafterinnen) aufzutreten.

* (Siehe Quellenangaben ab Seite 126 in diesem Buch)

Diese überlebenswichtige Ressource der Vermittlung muss - als ein Kernthema oder Schlüsselbegriff - noch viel effizienter genutzt werden, um die Ausgeglichenheit unter den Menschen zu fördern und wiederherzustellen. Denn wir brauchen eine weiterentwickelte und weitestgehend freie Kommunikation und auch Migration, um unseren Fortbestand zu sichern. Viele von Menschen gemachte Umgangsformen (Siehe z. B. Kapitel 1 und 3) und Postulate (Siehe z. B. Kapitel 5) erschweren aber die Möglichkeit, problemlos zu kommunizieren und zu migrieren. Also kann es lohnenswert sein, sich mit diesen Themen auseinanderzusetzen, um die Chancen für eine erfolgreiche, soziale und ausgeglichene Gesellschaft zu erhöhen. Unser Gehirn fordert ständige Bewegung und Veränderung von uns, also geben wir ihm was es will!

„Innere und äußere Migration bedeuten inneren und äußeren Fortschritt"

Kommunikation, Migration und Bewegung werden von unserem Gehirn gefordert, wie wir sie aber interpretieren liegt an uns. Hier spielen z. B. Konzentration, Selbstreflexion und Meditation eine wichtige Rolle, sozusagen als eine Form von innerer Migration des Selbst (der innere Fortschritt). Dies im Unterschied zur Migration im eigentlichen Sinne, was z. B. Wanderung oder Bewegung oder Abwanderung von Menschen in ein anderes Land oder an einen anderen Ort bedeuten kann**. Wichtig dabei ist es, bei einer zunehmenden Weltbevölkerung und zunehmenden Individualisierungstendenzen, Werte wie: Liebe, Kommunikation, Wohlwollen, Toleranz, Vernunft, Flexibilität, Improvisation und Spontanität immer wieder neu zu denken, neu anzupassen und neu auszuprobieren.

Heutige Nachkommen der „Jägerinnen" und „Jäger" haben sich meist verändert und können dazu gebracht werden, in ihrem sozialen Umfeld ihren "Jagdinstinkt" den heutigen Gegebenheiten anzupassen, indem sie z. B. die "Sammlerinnen" und „Sammler" schützen. So werden die "Schützen" dann zu "Beschützern". Dies hätte zur Folge, dass sich viele Menschen nicht so häufig "ihrer eigenen Haut erwehren müssten" und so ausgeglichener werden könnten. Denn ein solcher "Selbstschutz", der heute oftmals noch in vielen Gesellschaften, z. B. von Frauen gefordert wird, kostet zu viel Energie und lässt es dann nicht zu, dass diese sich voll entfalten können. So können sie zum Beispiel ihre Rollen als Botschafterinnen des (Be-)Friedens bei Konflikten, nicht so gut einnehmen und ausüben. Eine unausgeglichene und unfaire Gesellschaft, die weniger Überlebenschancen hat, ist die Folge!

** (Siehe Quellenangaben ab Seite 126 in diesem Buch)

Einleitung

Nun zwei Beispiele, wie sich Frauen in alltäglichen Situationen ihrer Haut erwehren müssen, wenn sie männlicher Kommunikation und Fantasie ausgesetzt sind:

Aber, das Gefängnis bzw. der goldene Käfig ließ Lücken zu, er hatte seine Ritzen, Schlitze, Öffnungen und Spalten, na ja, die Tür war ja auch immer auf. Wenn der Wächter, Wärter oder Zeitgenosse einmal für ein paar Stunden "außer Haus" war, passierte es. Ron stieg noch vor dem Frühstück, schnell und bewusst in seine aus Kunstfaser bestehende Sportkleidung, machte ein paar Dehnübungen und trank drei Gläser Wasser, um das aufkommende Hungergefühl und den protestierenden Magen zu besänftigen. Schon war er aus der Tür, schnell die 234 Treppenstufen hinauf und auf die Straße. Der Geruch frischer Dieselabgase verzauberte nicht nur die Umwelt, sondern umspielte auch gleichermaßen seine Nase. Trotzdem gelang es ihm bei seiner sonntäglichen Joggingrunde, spielerisch des Nachbars Porsche zu überholen, aber wie und warum nur? Er hatte das „Training" wieder aufgenommen! Die Muskeln, Bänder, Sehnen und Lungenflügel gaben zunächst Geräusche von sich, als hätte Ron jahrelang ohne Sport tagtäglich nur auf seinem weißen Thron gesessen und Zigarren geraucht. Da war ein Pfeifen zu hören, viel Knacken und ein Gefühl von sich widerwillig ziehenden elastischen Körpergeweben.

Doch dann ging es immer besser, das Rasseln der wie eine Kettenraucherlunge klingenden Atemorgane verstummte und Ron fühlte sich langsam wie neu geboren. Wie eine weise leicht gealterte jedoch glückliche Antilope setzte er seinen Weg fort. Es ging an großen Büro- und Finanzpalästen vorbei, in kleine Nebenstraßen, in denen ohne Probleme das Rückwärtslaufen praktiziert werden konnte, bis hin zu den Geschäftsstraßen, die schon hektisch belebt waren. Ein paar andere Läufer kamen entgegen, die wollten aber nur laufen und Gleichgesinnte nicht grüßen, wie anstrengend und unnötig, sie sahen auch nicht gerade glücklich aus, eher gequält.

Ein paar Ecken weiter kam der Sportplatz und eine leichte Anhöhe zum neu gebauten Einkaufszentrum. Der Slalom zwischen ein paar Palmen und vorbei an sanft harzig riechenden Büschen, ließen auf Besseres hoffen und da war sie auch schon, ein mit Zimthaut versehenes kurzhosiges und hauteng bekleidetes Antilopenweibchen, in den Morgenlauf vertieft. Ich nahm sofort die Verfolgung auf, alle Jagd- und Angriffsinstinkte waren sofort hellwach. Ich wechselte geschmeidig die Straßenseite und lief gespannt und in Vorfreude an den hohen, alten und grünen Baumreihen vorbei. An einer Lichtung dann gelang es mir sie von hinten zu packen, ich hatte mich mittlerweile in einen hungrigen Tiger verwandelt, der seinen Jagdtrieb auskosten wollte.

Das Antilopenweibchen schaute sich kurz um, spürte was bevorstehen würde und gab sich wenig Mühe mit irgendeiner Gegenwehr, sie bot sich eher noch an, indem sie auf einen Baumstumpf zu rannte und versuchte sich daran festzuhalten. Jetzt ging alles ganz schnell, es schien eingeübt und besser choreografiert als jedes von Menschenhand geschaffene Werk. Mit einem Prankenhieb waren die spärlichen und feuchten Kleider der Antilopendame entfernt und die süße Pracht eines schlanken, muskulösen, zimtfarbenen und wohlgepflegten Körpers bahnte sich seinen Weg an die Morgensonne, die den feucht glänzenden Körper in einen goldenen Schein hüllte. Meine Krallen gingen ihren eigenen Weg und drangen fast von selbst in dieses weiche und für das Raubtier gemachte Fleisch ein. Ein paar Prankenhiebe in die Rippen und gegen die Beine des jungen Wesens ließen die Verletzung des Weibchens lebensgefährlich aussehen und auf einen Kampf um Leben und Tod hinauslaufen. Das Weibchen war jetzt bereit und willig zur wilden Gegenwehr.

Ein paar langsame und tiefe Tritte ließen das Weibchen wieder die Oberhand gewinnen. Das Männchen versuchte mit immer lauter werdendem Brüllen die Antilope einzuschüchtern, es schien für einen Moment, als würden sich die Wunden des Antilopenweibchens in ein tiefes blutiges Rot verfärben und weiter anwachsen. Mittlerweile wurde das Brüllen des Tigers immer lauter und die Antilope konnten vor Schmerzen kaum noch stehen, dann spritzte Blut bei

Beiden. Die Körper verschwanden für einen Moment hinter einem Vorhang von Schrei von Schmerz. Der Tiger zog seinen mächtigen Pranken aus dem Fleisch der Antilope, siegessicher wollte er seine Beute in Ruhe betrachten. Doch die Antilope bekam einen Stein zu fassen und begann den Tiger in seiner höchsten Schaffensphase damit zu malträtieren. Sie schlug mit dem Stein auf mich ein, mit aller Kraft, bis ich nicht mehr am Leben war. Ich wusste damals nicht, dass der Tod von Kommunikation und Beziehung auch den Tod eines Lebens bedeuten kann. In diesem Fall meines Lebens, sonst ist es meist das Leben des Opfers, das endet oder sich drastisch verändert. Ganz schlimm kann es auch werden, wenn sich der Angreifer als Opfer definiert. Schon des Öfteren wurde ich im Spiel getötet, aber diesmal war es ernst!

Sie sah mich noch einmal an und schaute mich mit großen Augen wohlwollend an, dann blickte sie sich noch einmal um und guckte mir nach als sei ich ein Filmstar, der gerade gestorben sei. Das Klima der Menschen und des Wetters lassen einen alles vergessen.

Ich lief noch an einer ganzen Reihe Autos und Baufahrzeugen vorbei und kam dann wieder in die Straße, in der ich losgelaufen war, die Tür stand offen. Ich duschte, frühstückte und ging wieder in die Zelle und den Käfig zurück.

Er dachte, während er sich die Schuhe auszog, über die Menschenwelt nach und kam zu der Erkenntnis, wie verrückt, zerstörerisch, krank und menschlich die Menschheit doch war. Wie ein natürlicher Evolutionsreflex oder -Instinkt bahnen sich Soziophobie, Rassismus, Einfältigkeit, auch Unkonzentriertheit und daraus resultierende Primitivität ihren Weg und nehmen immer mehr Platz in Anspruch, der der zunehmenden Erdbevölkerung und den nachfolgenden Generationen dann fehlt.

Er hatte nie auf seine Laufschuhe geachtet, da er sich alle paar Monate ein neues Paar leistete. Doch dieses Paar war anders. Er hatte es vor einiger Zeit in einem besonderen Schuhladen hinter einem Spiegel entdeckt und gleich gekauft. Erst jetzt machte er sich die Mühe, die Schuhe genau zu mustern. In kleinen glänzenden schwarzen Lettern waren auf einem Mattschwarzen Hintergrund „Kanada" und „RT" aufgedruckt. Sein nächstes Reiseziel und seine Initialen.

Er reiste normalerweise zusammen mit Tom Reimer. Auch Tom hatte so ein Erlebnis, von dem er träumte, jedoch nur als Zeuge eines schäbigen Aktes, der wahrscheinlich täglich millionenfach auf der Welt produziert wird:

Er träumte, dass Er einem vierzig bis fünfzigjährigen, dicken, schleimigen und schäbigen Mann gegenübersitzen würde, der dabei ist, eine junge Asiatin zu belästigen. Diese sitzt nur völlig still da, und nach einer Weile scheint der Mann kurz vor einem Wutanfall zu stehen. Sein überdimensionaler Kopf wird sichtbar, er scheint auffällig groß, eierförmig, scharlachrot und fast ohne Behaarung zu sein. Der Mann lässt von der Asiatin ab, aber anstatt weiter auf sie einzureden kommen jetzt dunkelrote Schmetterlinge aus seinem Mund. Eine unrealistisch große Menge Schmetterlinge umschwirrt dabei die junge Asiatin. Zum Schluss sagt der Mann: "Vielleicht sollte ich damit doch mal zum Arzt gehen!". Tom hatte oft solche Träume, die dann seine kleine fein verwachsene Narbe auf der Oberlippe, während des Schlafens, zum Zucken brachten.

Bevor ich abreiste, ging ich nochmal in den Supermarkt. Das erste Mal tot und glücklich. Nur in Todesstille oder mit der Totenruhe kann man wirklich entspannt sein, denn diese Handyzombies mit ihren langandauernden Sterbeprozessen lauern einfach überall. Ron dachte bei sich: Da habe ich wohl eine besondere Art zu sterben gewählt, direkt nach einem schönen martialischen Kampf um Leben und Tod. Ganz nach dem Motto: Lieber schnell tot und glücklich als zeitlebens todunglücklich. Ich arbeitete mich langsam durch die Reihen mit den Verkaufsregalen und dann endlich an der Backwarenselbstbedienungstheke wurde ich fündig. Es gelang mir Zeuge eines gar wunderbaren Schauspiels zu werden. Eine junge Dame versuchte sich an den Gestängen der Brötchenselbstentnahmefächer, sie kletterte hinauf bis zum höchsten Fach und stocherte so lange darin herum bis zwei Bretzeln in den Entnahmeschacht fielen, dann schnappte sie blitzschnell zu und ihre Papiertüte füllte sich, was sie mit einen verschmitzten Lächeln quittierte. Sie war aber noch nicht am Ziel. Wieder kletterte sie ganz nach oben, um auf den Zehenspitzen stehend die aneinandergereihten Vollkornkastenbrote zu begutachten, dann stieg sie mit einem schnellen Satz ab und alles war vorbei. Wir gingen unserer Wege als wäre nichts passiert, dabei war das ein hocherotischer Akt gewesen, oder nicht?! War die gewalttätige und aggressive Kommunikation beim körperlichen Training noch recht klar und eindeutig gewesen, so ist sie jetzt, für den einfachen Jäger, bei aufkommenden Schamgefühlen, der Unterdrückung von Instinkten und der anstrengenden Beachtung von guten Sitten und Benimmregeln, sehr kompliziert geworden.

Alltägliche Situation an öffentlichen Orten lassen oftmals so viel Spielraum, dass sie offen interpretiert werden können. Während viele nur mit ihrem "täglichen Brot" nachgehen, sehen andere die Chance, um diese Situation für ihre Zwecke auszunutzen. Um sich besser zu verstehen, müssen die "Sammlerinnen und Sammler" mehr von den "Jägerinnen und Jägern verstehen und umgekehrt. Der Instinkt und Trieb vom "Jagen und Sammeln" spielt dabei eine Rolle, aber auch die Migration, also die ständige Bewegung, die uns unser Gehirn vorgibt. Hier ist es die Aufgabe des modernen Menschen, die angesprochenen Faktoren in vernünftige Bahnen zu leiten. Nur mit Reflektion, Toleranz, und Verständnis wird es uns gelingen, ein friedliches und sinnvolles miteinander zu gestalten. Ein gutes Fazit könnte hier zum

Beispiel lauten: Gute Jägerinnen und Jäger sollen „Schützen" sein, die beschützen wollen!

Der Kategorische Imperativ von Immanuel Kant bringt es auf den Punkt und kann auf die heutige Zeit angepasst werden, Migrantinnen und Migranten sollten unterstützt und geschützt werden, damit sie die gleichen Rechte und Möglichkeiten haben wie die sesshafte Bevölkerung.

Wie die Beispiele zeigen sollen, müssen Aggressionen und Gewalt besondere Beachtung finden und besonders sensibel bearbeitet werden. Das gelingt vor allem durch Selbstreflexion und Selbstpflege, die auch in den folgenden Kapiteln beschrieben wird. So können wir die gemeinsame Kommunikation verbessern und erreichen, dass sich alle Geschlechter nachhaltiger entfalten können und wohler fühlen. Das Ergebnis werden ausgeglichenere und zufriedenere Menschen sein, da nicht nur auf einzelnen, teils primitiven Ebenen miteinander umgegangen und kommuniziert werden muss, sondern vielfältigere und kreativere Kommunikationsformen vorhanden sind.

Was habe ich bis jetzt aus all dem im besten Fall lernen können?!

Das Kommunikation, die auf Gewalt und Aggression basiert "scheiße und primitiv ist" und nur Opfer hinterlässt. Gewalt und Aggression, besonders gegen Frauen, aber zum Beispiel auch gegen Kinder, Behinderte, Alte, Arme und Schwache geht nie gut aus, weil nicht nur diese Personengruppen geschwächt und verletzt werden, sondern auch die ganze Gesellschaft, da unterdrückte Menschen viel weniger zu einer ausgeglicheneren Gesellschaft beitragen können.

Das wollen die "Jäger" wissen, lernen und reflektieren, damit sie zu sehr guten "Beschützern" werden können und sich unsere Gesellschaft gerechter weiterentwickeln kann und ausgeglichener wird. Deswegen sollte uns nicht nur der technische, sondern auch der soziale Fortschritt gleichermaßen interessieren, und jeder Einzelne sollte auch auf seinen eigenen (Selbst-)Fortschritt achten und diesen voran bringen wollen. Das Motto des Tages sollte also für jeden lauten: "Wie kann ich ausgeglichener werden und mich positiv entfalten in einer Welt, die immer unausgeglichener wirkt und die Voraussetzungen für die lebenswichtige Migration (von innen und außen) immer komplizierter zu machen scheint?!".

Foto 1: „Über sich hinauswachsen" von Tom Reimer

1 Bist du bereit (zu tolerieren) ?!

Toms Organ- und Körperkunde

Das mächtigste Migrationsinstrument haben wir (fast) alle schon mitbekommen, es sind unsere Beine und Füße, wir sollten unseren Gehapparat darum besonders pflegen. Damit alles „gut läuft" können wir rennen, laufen und gehen üben, und das am besten regelmäßig. Um in Bewegung bleiben zu können, sind die Knie ein besonderes Körperteil, das besonders geschützt und geschont werden will. Gerade bei viel Bewegung auf versiegelten Betonböden und mit (Plastik-)Sportkleidung, gilt es die Knie aufzuwärmen und Körperregionen, die einer besonderen Reibung ausgesetzt sind, einzuschmieren. Damit es uns einfacher gelingt, ausgeglichen zu sein und mit Körper, Geist und Seele zu kommunizieren. Weiterhin sollten wir Öl und Alkohol nicht verschwenden, indem wir es ins Feuer gießen, sondern entweder hochwertiges Olivenöl essen oder mit ganz wenig Alkohol nach dem Duschen oder Baden unsere Gehörgänge reinigen und trocknen. Nur wer sich in sich selbst und mit seiner Umgebung wohlfühlt, kann auch eine positive und nachhaltige Kommunikationskultur pflegen.

Freund Blase

Last but not least ist „Freund Blase" nicht zu vergessen. Die Blase kann unser bester Freund sein. Sie ist unser innerer „Wecker" zum Aufstehen und Austreten am Morgen und bei Beziehungen.

„Dieses Haar pflegt sich nicht von selbst!"

Um auch alternative Ideen und Sichtweisen zu den Themen Migration, Kommunikation und Beziehungen zuzulassen, habe ich mich der physischen also der körperlichen Seite zugewandt, damit auch diese Zugänge Berücksichtigung finden. Gerade das Haar des Menschen, das einerseits in seiner Beschaffenheit so robust ist und es schafft, fast jeden Abfluss zu verstopfen und andererseits so sensibel ist, wenn es an bestimmten Orten und in bestimmten Situationen einfach nicht mehr wachsen will, ist besonders geeignet für einen experimentellen und weiter hergeholten Denkansatz, der vielleicht gar nicht so sehr an den Haaren herbeigezogen ist.

Auch Beziehungs- und Kommunikationsversuche sind oftmals eine „haarige Sache" und deswegen pflegt sich „dieses Haar" nicht von selbst! Es braucht schon viel Gelassenheit und Ausdauer, um das Haar, besonders das Haupthaar zu pflegen und zu konservieren. Viele von meiner Generation sind mit einem reichen Haarwuchs gesegnet. Und in manchen Regionen gibt es auch viele haarlose oder haararme Menschen. Ich habe noch alle Haare dran, was haben wir (ich und meine Haare) also anders gemacht? Vielleicht haben wir Gedanken neu gedacht wie: Es geht nicht darum, dem Haarausfall Beachtung zu schenken, also das Haar in der Suppe zu suchen, sondern sich etwas besonders Haariges einfallen zu lassen, bis in die Haarspitzen motiviert zu sein oder besonders haarig aufzufallen. Ein weiterer

Positiver Faktor könnte auch eine binationale Beziehung sein, da wir es mit Haarsorten und -typen aus anderen Ländern zu tun bekommen, das kann Spaß machen und Haare vielleicht manchmal besser konservieren.

Bei zu viel negativem Stress, Arbeit und zu vielen Aufgaben, die z. B. zu eifrige Jägerinnen- oder Sammlertypen haben, können sich viele Haare verlieren, dann haben sie, um ein Haar, oftmals auch ihre Partner und Beziehungen vergessen. Der Umgang mit langweiligen Personen hat nicht so viele Auswirkungen auf den Haarwuchs, es sollte aber noch ein Ausgleich gefunden werden. Es müssen nette, frische und junge (junggebliebene) Personen gefunden werden, mit denen wir umgehen und uns umgeben können, sonst droht Trübsal. Vor allem, wenn man selbst langweilig ist und an nichts und niemandem ein gutes Haar lassen kann. Auch Leute (meist älterer Generationen) die überarbeitet sind und ihr ganzes Leben mit Haut und Haar einer Profession gewidmet haben und dabei Familie, Freunde und Freude vergaßen, droht der Haarausfall oder die Haarausdünnung, da ihnen der Ausgleich fehlt. Die Wut über den fehlenden Ausgleich haben sie z. B. in ihrer Arbeit sublimiert, was bedeutet, dass solche Menschen ihr einziges "Steckenpferd" bis aufs letzte Haar verteidigen und vor vermeintlichen Eindringlingen oder Neulingen schützen wollen (typisches Merkmal übereifriger Jägerinnen). Hier wird gar nicht erst lange versucht zu kooperieren, sondern in Wirklichkeit geht es den "Getriebenen" darum, aufkommende Nebenbuhler und/oder Nebenbuhlerinnen auszustechen und möglichst "klein-zu-halten". Schwierig ist dabei, meiner Meinung nach, die Erhaltung eines positiven Klimas im Umfeld dieser Personen und des Weiteren, Freunde und Freude für die Arbeit zu gewinnen. Statt sich also irgendwelche Beruhigungspillen oder unnötige Haarkuren aufschwatzen zu lassen und sich die Haare zu raufen, gilt es diese Situationen zu erkennen und die nötigen Schlüsse daraus zu ziehen. Die Grundidee sollte hierbei sein, für Kommunikationen und Beziehungen eine nachhaltige positive Atmosphäre zu entwickeln, um langfristig positiv wirken zu können. Genau wie bei dem Vergleich mit den Haaren müssen wir Aufmerksam sein und spüren, was uns wirklich gut tut, bei allem anderen könnte es einen Wert haben, eine Überlegung zu Veränderungen in unserem Leben anstoßen. Wie wir und unsere Haare einzigartig sind, können wir auch unser Leben nur einmal leben. Und das dann möglichst mit viel Genuss und Freude bitteschön!

Das Haar - ein Indikator?! oder eine Achillesverse?! Viele Geschichten ranken sich um das Haar, genauer gesagt, um das Haupthaar. Es wurde z. B. von einer lateinamerikanischen Gruppe (vielleicht aus Kuba) besungen, hier heißt es frei übersetzt: "Wenn dein Haupthaar fällt, verlieren sich oder fehlen auch die Frauen". Demnach sollten wir also sehr gut überlegen, wofür wir uns "die Haare vom Kopf fressen lassen wollen", oder welchem Stress wir uns dauerhaft aussetzen wollen.

Führende Wissenschaftler haben jüngst herausgefunden, dass der genetisch bedingte oder erbliche Haarausfall einen Irrtum darstellen. Sehr gut ersichtlich ist dies bei der Spezies der (alten-) reichen Geldsäcke, die scheinbar als Markierung oder Brandmarkung aus Prinzip eine Glatze oder Tonsur haben. Sie haben sich entschieden, so hart zu arbeiten oder so gemein zu sein, dass dies zu Lasten ihrer Haarpracht geht, die sie so meist über Jahrzehnte vernachlässigt haben. Meist sehen hier ihre Kommunikationen und Beziehungen genauso wüst aus! Durch Missachtung und negative Gedanken, die bis in die Haarspitzen vordringen können, fühlt sich das Haar gehemmt und wächst (auch aus Traurigkeit) letztendlich immer weniger. Die restlichen Haare sterben dann den Tod der Einsamkeit und es entsteht die ungeliebte "Haupthaarwüste", die häufig auch als "Kopfsteppe" bezeichnet wird. Erst nachdem dieses Phänomen eingetreten ist, beginnt bei einigen dieser "Nacktnacken", die Phase der Reue einzusetzen, wenn überhaupt. Denn der natürliche Haarwuchs ist bei allen technischen Raffinessen nur schwer nachzuahmen und kommt an das Original kaum heran.

Wichtig ist es darum dem eigenen Haar, besonders auch dem Haupthaar, zur rechten Zeit, besondere Bedeutung und Aufmerksamkeit zu schenken, möchte man es ein Leben lang behalten und pflegen. So ist es zu erwägen, ob eventuell, neben dem effizientesten Zeitmanagement und bis ins Detail geplanten Zeiteinheiten noch ein anderes „Timing" eine wichtige Rolle spielt. Auch <u>weniger</u> Aufmerksamkeit für die ach so wichtigen technischen Errungenschaften, wie z. B. Fernseher, Computer oder Mobiltelefone, die unser Leben sowas von bereichern (wie z. B. auch Landplagen), können dem Haupthaar, unserer Kommunikation und unseren Beziehungen weiterhelfen. Wir sollten uns also mehr mit uns selbst und unserer Umgebung beschäftigen, ansonsten setzt sich höchstwahrscheinlich der schicksalshafte Kreislauf fort und der geschäftige Erfolgstyp steht schnell ohne nestwärmendes Haupthaar und wohlwollende Kommunikationen und Beziehungen da.

Zwischenresümee

Wir dachten wir würden ewig jung bleiben, doch dem war nicht so! Umso wichtiger war es, als lebensverlängernde Maßnahme, sich nicht mit allzu vielen Miesepetern und Miesepetras zu umgeben. Denn nur die netten gleichgesinnten Menschen eignen sich zur nachhaltigen Langlebens- (haar) kur. Natürlich lässt es sich nicht vermeiden, es gibt immer Miesmacher und Miesmuscheln, die sich in der eigenen Lebensumgebung tummeln, dies lässt sich jedoch gut kompensieren, wenn die anderen Menschen um einen herum handverlesen und überwiegend positiv dem Leben gegenüber stehen und nicht nur egoistische Gedanken in sich tragen. Für das eigene Seelenheil ist es auch wichtig, von anderen geäußerte Kritik zu betrachten und zu prüfen. Bevor man sich jedoch überlegt hat, ob die Kritik berechtigt ist und einem weiterhilft oder nicht, sollte man von einer eigenen positiven Basis ausgehen können, die unsere inneren positiven Werten beschreibt und unser eigenes Wohlbefinden stärkt. Hier könnte es wichtig sein, auf sich selber stolz zu sein und z. B. Dinge im eigenen Tempo machen zu können und nicht nur für andere funktionieren zu müssen. Wenn man sich auch einmal zugestehen kann, etwas nicht zu können oder etwas nicht „richtig" gemacht zu haben, dann ist das ein „Luxus" und eine "Wohltat" für unsere Seele und für einen selbst! Es kann auch als Strategie zum Stressabbau verstanden werden und als Basis für gelungene Kommunikationen und Beziehungen gelten. Denn neben dem

"Funktionieren" wollen wir vor allem auch das "Spielen" für unser inneres Kind nicht außer Acht lassen.

Nachtrag:

Natürlich ist das eigene Kopf- oder Haupthaar nur eine Leihgabe und wir müssen es früher oder später mit anderen teilen und dabei mit gutem Beispiel vorangehen. Ich zum Beispiel habe meine (kosmischen) Superringellocken meinem Sohn vermacht, da er damit noch viel besser aussieht! (...Und diese „Übergabe" geht mit ca. 30-50 Jahren einher und ist ein gutes Beispiel, um meinen kleinen zauberhaften Jungen damit aufwachsen sehen zu können. Die haarsträubendsten Kommunikationen und Beziehungen sind bis dahin sowieso aufgrund einer soliden positiven Basis verarbeitet und Geschichte. Und ich glaube, dass ich mir nur ganz selten die "Haare raufen" musste und sie deswegen noch in guter Verfassung sind. Auch diese Vergleiche sind „um Haaresbreite" wieder im übertragenden Sinne gemeint und betreffen uns alle! Es handelt sich um eine Einladung, die eigenen Kommunikationen und Beziehungen genau zu betrachten, zu hinterfragen und ggf. zu verändern. Viel Spaß dabei!

Vom Kopf bis zu den Füssen oder von der Stadt im Wald in das Land der Bäume, wir befinden und ständig auf Reisen, wichtig ist es auf der Hälfte des Weges Rast zu machen und innezuhalten, hier befinden wir uns dann in der Körperregion im Magen-Darm-Bereich, also in unserem Verdauungstrakt. Nachdem wir überlegt haben, was, wo, wie und mit wem wir am besten essen, sollten wir nach einer Zwischenmahlzeit, nicht nur unseren Haaren besondere Aufmerksamkeit schenken, sondern auch anderen Körperteilen. Also nicht nur als Darmstädter sollten wir hin und wieder auch den hinteren Bereich in Augenschein nehmen. Denn hier nimmt ein kleines Loch eine tragende Rolle ein. Hier gilt es besondere Maßnahmen vorzunehmen, um sich auch „von hinten" abzusichern. Denn spätestens seit Helmut Kohl wissen wir alle, dass das wichtig ist, was hinten herauskommt. Giulia Enders hat schon in ihrem Buch „Darm mit Charme" (2016, S.28) beschrieben, dass man eine besondere Position oder Haltung einnehmen soll, damit es richtig „flutscht". Sie hat zu einem kleinen Hocker als Hilfsmittel geraten, um die richtige Stellung zu erreichen. Ich als Darmstädter gehe jetzt noch einen Schritt weiter und behaupte, dass es wichtig ist, als gute Darmstädterin oder guter Darmstädter, den Arsch, im wahrsten Sinne des Wortes, noch ein bisschen höher zu hängen. Also nicht nur die „Vogelstellung", beim Stuhlgang einzunehmen, sondern gilt es, zudem den Schließmuskel zu trainieren, um mit rhythmischen Bewegungen, nur kleine und schmale Stückchen, sogenannte „Nuggets" zu produzieren und dann zu entlassen. So kann der Enddarmausgang im besten Falle entlastet und nicht überdehnt werden.

Weiter geht es nun mit der Veredelung und Sublimierung eines oft unterschätzten Nebenprodukts, das nicht nur für Darmstädter wichtige natürliche Kunstprodukt „Furz", umgangssprachlich auch schon mal als Pups bezeichnet, was seiner Pracht eigentlich nicht gerecht wird. Wo ein positives Klima herrscht, und ein heiteres Lüftchen weht, sind diese netten Begleiter eigentlich immer mit dabei. Hierzu eine ausgezeichnete Kategorisierung von Furzen von S. Webesio und R. Susuki, die in keiner Darmstädter Ausarbeitung fehlen darf:

„Der Furz, jenes hochorganisierte Wesen, das von seinen Gaben wie Geruch, Geschmack und Gehör in so feierlicher Weise Gebrauch macht – gleicht er nicht einem mutigen Touristen, der überall eindringt und sich zu verbreiten sucht?

Wir müssen ihn als Reisenden betrachten und wegen des Ausgangspunktes seiner Reise als einen „Darmstädter", und zwar als einen vornehmen Darmstädter, denn bald beliebt er cognito, d. h. mit Geräusch zu reisen, bald incognito, d. h. ohne Geräusch. Bald reist er mit Gefolge, d. h. mit nachfolgendem Geruch, bald ohne.

Vom generellen Gesichtspunkt lassen sich die Darmstädter daher nach vier Gruppen klassifizieren:

1.)   Der Darmstädter cognito ohne Gefolge
Vapor tonans communis – der laute geruchlose Furz

Er ist eher nützlich als schädlich, kitzelt er doch
unser Ohr mit den zuweilen barockesten, zuweilen
Liebkosendsten Melodien. Wenngleich sein Erscheinen,
wenn Damen und Herren unter sich sind, mit grösster
Heiterkeit begrüsst wird, empfiehlt es sich doch, ihn
Bei steifen Visiten zu Hause zu lassen.

2.)   Der Darmstädter cognito mit Gefolge
Vapor tonans odorautus – der gemeine laute Stinkfurz

Die Erfahrung lehrt, dass dieser Furz in der Lage ist,
eine Gesellschaft von sieben bis acht Personen, die
mit Lektüre, Kartenspiel, Abendessen und dgl. In
einem geschlossenen Raum beschäftigt sind, mit lauten
Jammerrufen und angehaltenem Atem auseinanderzutrei-
ben. Zu begrüssen ist das Auftreten dieser Spezies,
wenn man in hellen Nächten in ungeheizten Zimmern
schläft, so dass man sich an der animalischen Wärme
erfreuen und den Detonationen zu lauschen vermag.

3.) Der Darmstädter incognito ohne Gefolge

Vapor communissimus – der gemeine oder Luftfurz

Dieser Furz verhält sich sämtlichen Sinnesorganen

Gegenüber so indifferent, dass frühere Forscher ihn

Als ganz getrennt von sämtlichen anderen Spezies betrach-

tet. Und zu den einfachen Winden – ventus simplex

Gerechnet haben. Dennoch ist er ein richtiger Furz,

denn mit etwas verstärktem Druck in einen leeren eisernen

Topf von starker Resonanzkraft gelassen, erzielt man mit

ihm einen klangvollen „Vapor tonans"

Nach der vorliegenden Literatur soll der Nachweis

Dieser Spezies auf die genannte Art zum ersten Male

In Japan einem Forscher Hä morridi fudschi gelungen sein.

4.) Der Darmstädter incognito mit Gefolge

Vapor perfide odoratus – der gemeine Schleicher

Diesen heimtückischen Intriganten verwechselt man nur

allzu oft mit der eben beschriebenen Spezies und gibt

sich auch in den ersten Momenten seines Erscheinens

dieser süssen Täuschung hin, um durch sein allmähliches

Emporsteigen niedergeschmettert zu werden. Häufig gibt er

Gelegenheit, Unschuldige zu verdächtigen, was besonders

in Schulen heftige Errötungen herbeiführt, allein unter Er-

wachsenen Disharmonien verursacht. Man tut wohl, ihn

gänzlich zu beseitigen.

Betrachten wir noch die Darmstädter vom speziellen Gesichtspunkt aus!

1.) Der Gesellschaftsfurz – vapor circumsessus nobilis

Er wird nur von Herren in grossen Gesellschaften und unter heftigen Gewissensbissen gelassen. Seine Wirkung lässt sich durch Vorsicht paralysieren. Ist es ein Darmstädter cognito ohne Gefolge, so rückt man im Augenblick des Lassens recht kräftig mit dem Stuhle oder räuspert sich. Tritt er incognito und mit Gefolge auf, so eilt man an den Ofen und klagt, dass die Klappe zu zeitig geschlossen sei. Handelt es sich aber um einen lauten Stinkfurz, so springt man entsetzt auf und blickt seine Nachbarn empört an.

2.) Der studierende Furz – vapor maxime literatus – der gemeine Bierfriedrich

Er tritt nur bei akademischen Bürgern deutscher Unversitäten nach Bierabenden auf. Abgesehen von seiner Detonation, die mitunter nicht weniger mächtig als barock und ergreifend ist, übertrifft sein Umfang den fast aller anderen Spezies, indem er auch der beharrlichsten Lüftung widersteht.

3.)   Der Furz mit Sauce – vapor suculentus – der nasse gelbe Färber

Er tritt stets mit starkem Duft auf und sein Erscheinen ist immer von einem leise purzelnden Geräusch begleitet. Dieser Furz ist stets mit einer anderen Materie in inniger Berührung, der man nicht zu Unrecht den Namen Sauce beigelegt hat, wobei es sich um einen feuchten Niederschlag, um eine beginnende Kristallisation des Furzes sozusagen handelt. Da die Sauce die Eigenschaft hat, alles, was ihr in den Weg tritt, schön gelb zu färben, empfiehlt es sich, diese Spezies nur mit der Serviette in der Hand zu geniessen. Auch lässt sich dieser Furz künstlich zubereiten und wird dann feine Furzkonserve genannt.

4.)   Aus der grossen Reihe weitere Spezialfälle seien noch zitiert: Der von Sergeanten mit 12-jähriger Dienstzeit erzeugte Vapor explodiens radicalis – der Rettichkanonenschlag

Der bei ästhetischen Damenkränzchen grassierende Damenfurz Vapor puellarum – der kleine geruchlose Furz

Der allgemein verbreitete und beliebte Lukusfurz Vapor cacatus

Der von Packträgern, Rollknechten u. dgl. Gelassene Press-
furz - Vapor expressus oneratus – der starke Drängler

Der metrische Furz – vapor ingrediens, der sich rhytmisch
den Schritten eines Gehenden anschliesst

Der harmonische Furz – vapor consonans, welcher von
mehreren Personen gleichzeitig im Duett, Terzett, Quartett
gelassen, ausserordentlich wirkt

Der Furz in tausend Ängsten – vapor irritatus captivus, wel-
cher in eine luftdichte Lederhose entlassen, nicht weiss, in
welches Hosenbein er hinein und zu welchem er heraussoll.
Der unterschobene Furz – vapor adoptivus, der vom Herren
gelassen, dem Hunde oder Bediensteten zugeschoben wird
– und viele andere mehr.

Es ist völlig unmöglich, das Gebiet des Furzes ganz zu er-
fassen, und es bleibt denen, die der weiteren Forschung ob-
liegen wollen, noch ein reiches Gebiet fruchtbringender Tä-
tigkeit."

(Quelle:
Kolleg: Die Darmstädter
Literatur: Historia naturalis vaporum ex corpore humano
effluentium, S. Webesio/Susuki, R. Wunderverlag Leipzig)

36

2 Ich und Familie, Gesellschaft und Generation

Ich und meine Entwicklung

Ich gehöre der "After-Golf-Generation" an, das ist jene, die von den Früchten der "Golf-Generation" zehrt und es selbst höchstens bis zur "Lupo-Generation" geschafft hat, wenn überhaupt. "Man muss nicht groß sein, um groß zu sein!" lautete der Werbeslogan eines Autoherstellers, (mittlerweile habe ich ihn auch in Lateinamerika entdeckt, bei einem Telekommunikationsunternehmen, auf Spanisch heißt er: „¡No tienes que ser grande para ser grande!"), der auch als Motto unserer Generation lauten könnte. Ursprünglich handelt es sich dabei wohl um ein Zitat von Napoleon, aber das wusste in unserer Generation fast niemand, denn wir sind ja mit Werbung aufgewachsen und nicht mit Bildung. Viele von uns sind auch mit 33 immer noch als Studenten eingetragen oder feiern einfach immer so weiter. Feiern, als ob etwas Großes erreicht wurde, jedoch nicht von uns, jedenfalls noch nicht, ja das können wir, es ist dank der unsicheren Verhältnisse (Klimawandel, Corona-Pandemie etc.) ja nicht abzusehen, wie es weitergeht, dann lieber schon mal vorholen. Keine Zeit zum Kürzertreten, das haben wir ver- bzw. nie gelernt. Grundsätzlich müssen wir überlegen, ob es uns schon reicht entscheiden zu können, welche Frühstücksflocken in die Milch fallen oder ob wir mehr vom Leben wollen.

Wir hatten nie den Anspruch mit den ganz "krassen" Jungs herumzuhängen. Vielleicht ist in unserer Generation das Antizipationsgefühl gut ausgeprägt oder wir sind zu wohlbehütet aufgewachsen. Wo sich die ganz krassen Leute heute befinden, ist ziemlich klar, meistens jedenfalls befinden sie sich: auf dem Friedhof, im Krankenhaus oder in der Psychiatrie. Vielleicht konnten sie aber auch einfach ihre rebellische und dunkle Seite der Jugend besonders gut ausleben. Uns, oder den meisten von uns, vielleicht aber auch nur mir hat es völlig ausgereicht mit den anderen Kindern aus dem Viertel zu spielen und als langweilig zu gelten. Darum habe ich heute wahrscheinlich keine "krassen Freunde" mehr und kann mich umso besser als „Underdog" mit Understatement bekennen. Das Understatement wurde in unserer Generation groß geschrieben und feinfühlig interpretiert. Besonderer Aufmerksamkeit bedarf es jedoch, wenn an den vermeintlichen Freunden plötzlich Persönlichkeitsveränderungen wahrgenommen werden. Alle, die dann nicht mehr wiederzuerkennen sind, stehen nicht mehr mit ihrem ursprünglichen, guten und ganzen Namen vollständig zu sich! Sie sind sehr bemüht, sich positiv zu verändern und sich selbst gegenüber ehrlich zu sein, aber irgendetwas fehlt und ist unstimmig, so dass die Verwandlung nicht immer und für jeden nachvollziehbar ist.

Nicht zuletzt hat eben unsere Vorgängergeneration für uns mitgearbeitet, bestehende Strukturen sind meistens von unseren Eltern und Großeltern geknüpft worden. Wir können jetzt davon profitieren und können uns an diesen Strukturen einfach bedienen. "Einfach", so einfach wollen wir es uns selbst dann doch nicht machen, anstatt den vorherigen Generationen z. B. berufsmäßig nachzufolgen und uns ins gemachte Nest zu setzen, studieren wir aufgrund der heutigen Freiheiten ganz wilde und spezielle Studienfächer, die auf den ersten Blick am Bedarf vorbei gehen, aber einfach "hip" sind, wie zum Beispiel Sozialpädagogik, das finanziell, reputations- und anerkennungstechnisch gesehen ein stark unterbewertetes Studienfach ist.

Wir wollten vielleicht gar nicht dort weitermachen, wo irgendwann einmal andere Generationen vor uns angefangen oder aufgehört haben. Der Sinn, die Seele und der Zusammenhang von Kommunikation und Beziehungen sind sowieso seit langem nicht mehr da und erschließen sich uns auch nicht mehr, also warum? Vielleicht braucht es auch einfach mal wieder eine "Loser-Generation", die sich wie Gewinner aufführen und nicht nur starr den Regeln folgen. Womöglich muss es erst zu sozialen Zerwürfnissen und Feindschaften zwischen den Generationen kommen, damit alles wieder ins Gleichgewicht kommt. Eben gerade mal nicht an Demonstrationen teilnehmen, für eine "gute" Sache kämpfen und auch mal nicht seine Meinung kundtun.

Nicht das machen, was andere Generationen schon vor uns gemacht haben, sondern eigene Wege gehen. Manchmal einfach nur so dastehen, "Vor-Sich-Hin-Starren" oder scheinbar gar nichts machen. Nur um anderen Generationen nicht zu gefallen und vielleicht für einige Zeit den "ewigen" Kreislauf zu unterbrechen, und so das System ein bisschen zu verstören. Denn der gesellschaftliche Druck, der auf den heranwachsenden nachfolgenden Generationen lastet, ist enorm und meist nicht direkt für die jungen Menschen wahrnehmbar. Somit ist es eine enorme Lern- und Lebensaufgabe für junge Menschen, diesen Druck anzuerkennen, damit umzugehen, diesen zu verarbeiten und in vernünftige Bahnen zu lenken. Schließlich werden die vermeintlichen Verlierer dann doch noch zu Gewinnern, denn neben der Gegenwart haben sie noch die Zukunft mitzugestalten und für nachfolgende Generationen zu sichern.

Alternative Ansichten einer scheinbaren Loser-Generation "Danach": Der Geruch der warmen Erde des Morgens und der Gräser ließen uns alles vergessen. So langsam spürten wir Freude und Kräfte zurückkehren, die wir opfern mussten, um die Jugend- und Adoleszenzzeit irgendwie zu überstehen. Jetzt können wir wieder „einfach nur in der Landschaft herumstehen" und gelten als Gewinnergeneration. Die Vorstellung älter als dreißig oder vierzig zu werden war für uns grotesk und nicht real. Doch das Leben bahnt sich, trotz aller widrigen Umstände, seinen Weg und will gestaltet werden. Die Frage, wo sehen Sie sich in zehn bis zwanzig Jahren war für uns immer unmöglich zu beantworten, denn wir lebten im Hier und Jetzt, ohne an ein „Morgen" zu denken! Wir brauchen jetzt also einen sehr guten Plan, eine sehr gute Organisation und spontane Improvisation, um den zweiten Lebensabschnitt zu meistern!

Mittlerweile weiß ich, dass die Natur für alles vorgesorgt hat. Sobald es dem Menschen oder der Menschheit möglich war, natürliche Sterbegrenzen, u. a. dank des technischen Fortschritts, zu überschreiten, hat die Natur weitere Vorkehrungen unternommen, um das Dasein des Menschen oder der Menschheit endlicher zu machen. Nicht umsonst sind wir wahrscheinlich die einzige Spezies, die sich so sehr darum bemüht, sich selbst zu dezimieren und schlussendlich abzuschaffen. Trotz beispielsweise Religion, westlicher-, christlicher-, Erziehung und vieler weiterer Einrichtungen, die Nächstenliebe und Rücksicht auf die Umwelt vermitteln sollen, ist es dem Menschen (der Menschheit) gelungen, negative Werte zu konservieren und zu sublimieren. Hass, Neid, Habgier und Rachsucht sind vielerorts vertreten und mitunter die eigentlichen Motive, wie und warum Menschen miteinander umgehen. So ist es dem Menschen (der Menschheit) zwar gelungen vor allem technisch und physisch voranzuschreiten und z. B. lebensverlängernde Maßnahmen, für die aktuelle Gesellschaft zu erreichen. Aber die Auseinandersetzung mit sozialen und psychischen Aspekten, die auch mit uns selbst zu tun haben, werden vernachlässigt und verdrängt. Durch die höhere Anzahl von Menschen die aktuell leben, werden Ressourcen und Umwelt für zukünftige Generationen übermäßig dezimiert, verbraucht bzw. geschunden.

Soziale Strategien, wie wir alle auf begrenzten Räumen und mit begrenzten Ressourcen besser also harmonischer miteinander leben und lieben können werden dringend gebraucht und doch vernachlässigt und nicht schnell genug weiterentwickelt. Trotzdem besteht darin eine Grundlage für unser Fortbestehen.

Somit ist die Menschheit durch den technischen Fortschritt womöglich noch schneller dabei, sich selbst abzuschaffen und hat sich auch auf negative Werte konzentriert (wie z. B. die Xenophobie, Kapitalismus, Habgier, Konkurrenzdenken oder den Selbstzerstörungstrieb), die dies erst möglich machen. Weiterhin ist durch die künstliche Lebensverlängerung des Menschen als Nebeneffekt und zum Ausgleich das Lebenstempo immer schneller geworden, zu schnell! Und die Lebensgeschwindigkeit steigt weiter, darum wird aus Lebensqualität schnell Lebensquantität, das Leben flacht ab und wird immer beliebiger, so dass wir immer mehr Reize von außen brauchen. Hier müssen wir selbst gegensteuern und die äußeren Reize mit unseren inneren Reizen in Einklang bringen.

„Ich bekomme keinen Krebs, der Krebs bin ich!"

(Zumindest als Sternzeichen)

Die Leute sind früher mit dreißig oder maximal vierzig Jahren natürlich gestorben und das hatte auch seinen Sinn. Wir sollten uns also überlegen, wie wir das Privileg eines längeren Lebens sinnvoll einsetzen, um uns Gutes zu tun, unser aller Überleben sichern und auch anderen helfen. Denn wenn wir uns ein positives Umfeld schaffen, werden wir selbst auch immer positiver. Wir konnten es uns damals nicht vorstellen älter als dreißig oder gar vierzig zu werden, da wir nie so weit in die Zukunft gedacht hätten. Dadurch sind noch keine ausreichenden Verarbeitungsstrategien entwickelt und unsere Versuche wirkten mitunter hilflos, den Anforderungen des Lebens gerecht zu werden. Darum rauchten wir zum Beispiel wie die Teufel und tranken auch mal einen über den Durst. Dann kamen wir in die Vierziger. Mit der zunehmenden Reife weicht der innere und äußere Druck, weil wir ihn besser verarbeiten können, und das Ergebnis ist ein Empfinden von Spaß am Älter werden. Also leben wir zunehmend gesünder. Als (fast) Vegetarier und regelmäßige Jogger mit Yoga- und Meditationsallüren, lernen wir unseren Geist, Körper und unsere Umwelt besser kennen und lieben. Als besonderes Privileg dürfen wir als Eltern unseren Kindern diese Weisheiten übermitteln, die aktiv vorgelebt werden müssen, um verstanden zu werden.

Meine Familie und andere Liebesspieler

Das Ei als Symbol der Fruchtbarkeit und Quelle neuen Lebens kann wie Kommunikationen und Beziehungen bereichern oder einfach nur „herum-eiern-lassen". Es könnte sein, dass sich der dottergelbe Eierschlingel bei meiner Familie eingeschlichen hatte, denn plötzlich waren Eier groß im Gespräch: Das Ei des Kolumbus, Straußeneier als der „Rolls Royce" unter den Eiern und natürlich Fabergé-Eier. Dies führte mich zu der Annahme, dass sich bei uns tatsächlich ein Eierliebling eingenistet haben muss. Was ist die Faszination an den Eiern? Warum sind wir so fixiert auf Eier? Verbirgt sich sie in und um sie ein Geheimnis oder sind sie einfach nur lecker und schön?

Vielleicht ist es vergleichbar mit der Moral der kurzen und geistreichen Erzählung „Das Ei des Kolumbus" von Christoph Kolumbus: Kommunikation und Beziehungen können ein Leichtes sein und als locker, heiter und belebend empfunden werden oder dem Aufwand der Entdeckung Amerikas gleichen, also einer Odyssee, wenn nicht die richtigen Worte und Umgangsformen gefunden werden. Hier sollten wir dann am besten keinen „Eiertanz" veranstalten, sondern versuchen, auf den Punkt zu kommen. Frei nach dem Motto von Erich Kästner: „Es gibt nichts Gutes, außer man tut es.". Und wer dabei den ersten Schritt wagt, auf jemanden oder etwas Neues zuzugehen, dem gebührt manchmal eine ganz besondere Anerkennung, wie bei Christopher Kolumbus, der Amerika entdeckt hat.

Die Nachahmung ist einfacher, aber genauso wichtig, damit wir Amerika, das auch für etwas Neues und Unbekanntes stehen kann, immer wieder neu bzw. wiederentdecken können und wollen. Genau wie neue und alte Kommunikationen und Beziehungen.

.Mein Vater kann zaubern. Er hat mir zuerst das Fahrradfahren und dann das Autofahren beigebracht und mich vorher zur Schule gefahren. Er hat mich zu diversen Sportveranstaltungen mitgenommen. Außerdem hat mein Vater einen Bambusstrauch in unserem Garten gepflanzt, dafür bin ich ihm sehr dankbar. Mein Vater war auch ein Wochenendvater, den man nur in den Ferien richtig gesehen hat. Er hatte die besondere Gabe, allen Sommer- und Weihnachtsferien und -festen einen einzigartigen Zauber zu verleihen, Magie eben.

Foto 2: „Der Bambus meines Vaters" von Tom Reimer

Meine Schwester hat ihr inneres Kind bewahrt. Trotzdem hat sie zu ihrer Weiblichkeit gefunden und steht doch in bestimmten Situation ihren Mann. Sie hat ein sehr sportliches Wesen und ist ihrem Partner unendlich treu. Meine Schwester ist sehr achtsam! Diese Konzentriertheit und Unverletzbarkeit mir gegenüber könnte ein sehr starker

Bewältigungsmechanismus sein, um besonders schöne Erlebnisse aus der Kindheit und Jugend zu konservieren. Meine Schwester kann besonders gut vergeben. Wegen ihrer selbstlosen und achtsamen Art ist sie in der Lage, meine freche und provozierende Art auszugleichen und diese besonders kreativ und konstruktiv zu nutzen, um mit mir zu kommunizieren. Durch ihre besonders tolerantes Wesen ist sie in der Lage mit ihren Eltern und ihrem Bruder auf besondere Weise umzugehen und eine besonders wertvolle Persönlichkeit in der Familie zu sein. Sie hat ihren Platz gefunden.

Die Ursache und Lösung aller Kommunikations- und Beziehungsprobleme von jungen Männern liegt in der Beziehungs- und Kommunikationsgestaltung mit „Mutti". Lösung bedeutet in diesem Zusammenhang eine rechtzeitige „Ablösung", da steckt das Wort „Lösung" als Hinweis sogar schon mit drin. Ursächlich zu behandeln ist das Thema Kommunikationsgestaltung: eine regelmäßige, positive Kommunikationskultur, damit die wichtigste Verbindung von allen gepflegt und erhalten wird. Meine Mutter hat immer ihre Bananen beschützt, vor allen möglichen Gästen bzw. Eindringlingen. Zudem hat sie versucht Mädchenbesuch vor mir fern- und geheim zu halten. Aber sie hat mich auch zum Spruchbeutel gemacht und mir durch Yoga, Fantasiereisen und andere Meditationstechniken diverse Lebensweisheiten und Ratschläge beigebracht, die mich bis heute prägen.

Lebensweisheiten und Ratschläge

Die wichtigsten habe ich hier zusammengestellt:

1.) Vergib allen.

2.) Vergib dir selbst.

3.) Sieh dich selbst immer nur von der besten Seite. Erwarte von dir selbst das Beste.

4.) Höre damit auf dich mit anderen zu vergleichen. Gehe in deinem eigenen Tempo.

5.) Achtsamkeit: sei präsent!

6.) Tue anderen einen Gefallen!

7.) Du entscheidest, mit welcher Einstellung du an die Dinge herangehst.

8.) Fang an zu spielen! Du spielst am besten mit denen, die auch mit dir spielen wollen!

9.) „Jeder kann zaubern, jeder kann seine Ziele erreichen, wenn er denken kann, wenn er warten kann, wenn er fasten kann.“

(Quellen:

1-4, Francis Stroud, J. (2007). Anthony de Mellos kleine Lebensschule. Freiburg im Breisgau. (Seite 18ff).

5-8, Lundin , C. et al. (2001). Ein ungewöhnliches Motivationsbuch. Wien.

Internetquelle: Die FISH-Philosophie. In: jetzt-erfolgreich.com (2020). URL: https://www.jetzt-erfolgreich.com/fish-philosophie/ (zuletzt abgerufen am: 22.04.2020).

9, Hesse, H. (2013). Siddharta. Frankfurt am Main. (S. 53).

Während wir bisher eher über Beziehungs- und Kommunikationsunterstützende Faktoren sowie grundlegende Einstellungen gesprochen haben, kommen wir jetzt zu Herausforderungen und möglichen Hemmungen, die positive Kommunikationen und Beziehungen wesentlich beeinflussen können. Also sozusagen vom Yin zum Yang.

Natürliche Herausforderungen an Kommunikation und Beziehung: Der Salz- und Pfeffer-Schnauzer meiner Schwiegermutter, die Schwerkraft, die Bananen meiner Mutter und der quietschende Bürostuhl meiner Frau. Außerdem natürlich: Eier, die Ursache und Lösung von vielen Menschheitsfragen und -diskussionen: Sie können zu einer wohlwollenden Beziehung beitragen, wenn wir mit dem Herz in der Hand und Eiern in der Hose mit Partnern, Familie, Freunden und Verwandten offen umgehen dürfen.

Nett ist irgendwie anders – Deutsche im Ausland

(ein selbstironischer Exkurs, der uns alle (be-)trifft!)
Der Auslandsdeutsche ist so unerträglich, dass er sich vom Kindergarten bis ins hohe Alter selbst nicht leiden mag. Für ihn spielt die Arbeit die Hauptrolle und alles andere, wie zum Beispiel positive Kommunikation oder Beziehungen sind Nebensache. Mittlerweile hat er aber einen Weg gefunden, wie ihn andere mögen müssen, damit er nicht mehr so oft mit sich allein sein und über sich selbst nachdenken muss. Der erste Versuch bestand darin eine Diktatur zu entwickeln und den Rest der Menschheit zu unterwerfen, nachdem dieser

Versuch schiefging, ist der „moderne" Deutsche dazu übergegangen Industriekonzerne als "Globalplayer" ins Rennen zu schicken und so die Angestellten und alle Menschen, mit denen die Firma zu tun hat, auf die "Deutsche Art" zu malträtieren. Das heißt z. B. Witze zu machen, die nur er selbst witzig findet und meist alle anderen Menschen, außer ihn selbst, beleidigt in einem Raum zurücklässt. Ein weiteres Merkmal dieser besonderen Spezies ist es, stundenlang darüber herzuziehen, was alle anderen falsch machen und warum Deutschland das einzige Land ist, das immer alles richtigmacht, richtigmachte (bis auf das mit der Diktatur!) und richtig machen wird. Die beste Reaktion darauf ist es, das über sich ergehen zu lassen und die Kritik wortlos hinzunehmen. Bei sich zu suchen und das vermeintliche eigene Versagen anzuerkennen. Denn, es zum Beispiel gut zu finden, langsam zu sein und Dinge falsch gemacht zu haben, ist der erste Weg zu einer höheren Erkenntnis und Zufriedenheit und für den Auslandsdeutschen „Man-Spricht-Deutsch-Typ" völlig unverständlich. Der Gedanke, auch einmal nicht funktionieren zu müssen und die Möglichkeit zu haben, sich eine Auszeit zu gönnen und dabei ggf. an einen ruhigen fremden Ort zurückzuziehen, der einen zu neuen Erkenntnissen und Energien bringt, wird den Auslandsdeutschen stark verunsichern und im besten Falle zur spontanen Flucht veranlassen.

Diese Erkenntnisse sind manchmal mehr wert als all das Geld, das man in einem Job verdienen kann, bei dem man nur von Mitarbeitern umgeben ist, die täglich gegeneinander und nicht miteinander arbeiten wollen. Diese sind meist nicht selbstkritisch und empathisch genug, was die Entstehung von positiven Energien und Harmonie in der Gruppe blockiert. Es sollte also klar sein, dass eine Beziehung, ein Team oder eine Gesellschaft (Zum Beispiel beim Verhältnis von Jugendlichen und Erwachsenen), ob im Beruf oder im Privatleben, gerade so stark ist wie sein schwächstes Mitglied. Jedes Handeln, Verantwortung, Kommunikation und Beziehungen in einem Team, werden zu einer Hälfte (fünfzig Prozent) von einem Mitglied selbst getragen und die andere Hälfte (weitere fünfzig Prozent) werden vom gesamten anderen Team, der gesamten Gesellschaft übernommen. So ist der Erfolg oder das Versagen nicht nur Eigenerfolg oder -versagen, sondern immer auch gleichzeitig Gesellschaftserfolg oder Teamversagen.

Am Beispiel des Auslandsdeutschen können wir also lernen, dass wenn sich eine Gemeinschaft, Beziehung und Kommunikation, wie zum Beispiel in einer Firma, einer Stadt, Gruppe o.ä. in unserer Gesellschaft weiterentwickeln will, eine neutrale Instanz (Mediation) das Verhältnis des Einzelnen und der Gruppe mit Kommunikationen und Beziehungen im Blick haben muss. Generell sollte jeder erstmal bei sich suchen, bevor er versucht, andere für sein Handeln oder die Fehler des restlichen Teams verantwortlich zu machen.

Wie die Menschen in einer Firma, Organisation oder in einem Betrieb kann man auch die Gesamtgesellschaft betrachten, die, anstatt Schuldige zu suchen besser nach gemeinsamen Unterschieden, Ressourcen, Interessen und Stärken suchen sollte, die sich ergänzen und positiv einsetzen lassen, um die zukünftigen Herausforderungen, die an die Menschheit gestellt werden, gemeinsam meistern zu können. Hier braucht es neutrale VermittlerInnen, DiplomatInnen, BotschafterInnen und MediatorInnen, die zwischen den einzelnen Interessengruppen erklären, vermitteln, Impulse geben und verbinden können.

Zum Zweiten ist das manipulative Spiel mit der (deutschen) unfairen Kritik, wie ich sie mal genannt habe, an anderen und nicht an sich selbst besonders für Neulinge, Anfänger und die jüngeren Generationen schwer zu durchschauen und damit umzugehen. Weil es leider immer wieder vorkommt, dass andere Menschen ihre eigenen Schuldgefühle auf andere übertragen und sich ihrer Eigenanteile nicht bewusst werden, müssen wir uns selber fragen, was wir davon annehmen können und wollen und was wir wieder zurückgeben.

Es scheint ein ewiger Kreislauf zu sein und mit unserem Gesellschaftssystem zu tun zu haben, dass Einzelne versuchen auf unfaire Art und auf Kosten anderer, sich zu erhöhen und Eigenkapitel daraus zu schlagen. Wie wir am Geschichtsverlauf sehen können, hat das meist enorme zerstörerische Auswirkungen auf die Grundharmonie in der Gesellschaft sowie auf positive Kommunikationen und Beziehungen.

Diese werden dann durch Misstrauen und Opportunismus geprägt, wo Vertrauen und Positivismus gebraucht werden!

Anmerkung: Allem stereotypen und Schubladendenken zum Trotz können wir alle zu „Auslandsdeutschen" werden, wenn wir uns zu sehr von außen manipulieren lassen und nicht genug auf unsere Kommunikation und Beziehungen achten!

Allg. Formen und (Ab-)Wege von Kommunikation

(Nicht förderliche Wege der Kommunikation)

Hierarchieorientierte Kommunikation und die damit verbundene Vorteilsnahme (Das Recht des Stärkeren, Lauteren und Listigeren, in Form von Bauernschläue wohlgemerkt!) Kein Scham- und Pflichtgefühl, dafür aber eine ausgeprägte Sensibilität für Verletzungen des Ehrgefühls. Diese Zusammensetzung kann eine ausgeglichene Beziehung und Kommunikation auf die Probe stellen. Hier einige Beispiel dazu:

"Der obsolete Macho im Wandel der Zeit "

Die Rolle des „Machos"*, egal ob Frau oder Mann, in der heutigen Zeit muss sich den Gepflogenheiten der Moderne, der Arbeitswelt und der Emanzipation der Frauen anpassen. Was passiert z. B. mit dem Rollenstereotyp des Machos, wenn er gerade mal ohne Arbeit dasteht, da er oder sie, wie so viele Arbeitnehmer der heutigen Zeit, seinen Arbeitsplatz verloren hat. Kann sich ein Macho unterordnen? Oder war er immer schon ein versteckter Mitläufer? Wie geht der Macho mit dem Verlust seines Arbeitsplatzes um? Wie geht der Macho mit solch einem Verlust um, da er als Familienoberhaupt dazu verpflichtet ist, den "Schinken" nach Hause zu bringen, also die Familie allein zu versorgen. Dabei haben sich Machos in der Vergangenheit verschiedener "Erfolgsmodelle" bzw. Bewältigungsstrategien bedient, einige möchte hier vorstellen, sie sind jedoch Situations- und Individuumsabhängig und können von daher nur als An- bzw. Abregung dienen. Das erfolgversprechendste Modell muss von daher jeder für sich selbst entwickeln, um nicht selbst mit Machoallüren die Welt zu beglücken. Das Selbstverständnis und die primitiven Kommunikationsformen des Machos machen ihn letztendlich selbst zum Opfer in seiner eingeschränkten Welt.

* Jeder kann zum Macho werden, wenn er oder sie nicht die eigenen Kommunikationen und Beziehungen mit anderen reflektiert und selbstkritisch hinterfragt und immer wieder analysiert. Hier ist es wichtig, auf das Bauchgefühl, das Herz und den Kopf zu hören und sich selbst zu fragen, ob die eigenen Kommunikationen und Beziehungen wohlwollend sind, einem Spaß machen und sich und anderen guttun.

Der rhetorisch begabte Macho - ein Beispiel -

(Der Macho - ein Alpha-Tier oder nur Antäuscher?)

Ein schriller lauter Pfiff durch die Zahnlücken, unmissverständlicher als die am klarsten gesprochenen Worte oder Sätze der Welt. Schon war die näherliegende Umgebung unmissverständlich darüber informiert wer kommt: "Jetzt komme ich, der Macho". Nicht irgendeiner, der Macho, die Marke, der Macher. Beinahe wäre er in die peinliche Lage gekommen, einen Jungen auf dem Parkplatz mit einer Grußformel oder einem Grußwort zu bedenken, doch durch einen ausweichenden unterwürfigen Blick des Jungen, war auch diese Gefahr in letzter Sekunde gebannt. Zielsicher schob er den Kellner von einem Straßenbistrot aus seiner direkten Schrittlinie, das Umgehen eines solchen Hindernisses wäre für ihn nie in Frage gekommen. Der „Macho" ist scheinbar unabhängig und geht niemals in irgendein fremdes Straßenbistrot. Bekommt ein Macho Hunger, bedient er sich anderer Methoden, bei denen er am besten nur ganz wenig oder nichts bezahlen muss. Die Rechnung geht dann auf Kosten der Kommunikationen und Beziehungen mit seinem direkten Umfeld.

Die Pizzabestellung bei Verwandten

Ist der Macho mal wieder mit den lieben Verwandten zusammen und es wurde der gemeinsame Entschluss gefasst, Pizza nach Hause zu bestellen, dann bietet er oder sie sogleich bereitwillig Hilfe an. Der Macho kennt die Telefonnummern der besten Pizzaservices der ganzen Stadt, und zwar nicht nur mit der allgemein bekannten Telefonnummer, nein!, Er hat die Geheimnummer, die nur Machos bzw. VIP-Kunden nach der millionsten Bestellung, durch ein kompliziertes Auswahlverfahren mitgeteilt bekommen. Dann ruft er an, aber nicht für sich, sondern aufopferungsvoll für die Verwandten, die dann die Bestellung selbstverständlich auch von ihrem eigenen Geld bezahlen dürfen. Hierbei werden "Wünsche" der Verwandten, was z. B. den Belag der Pizza angeht, angehört, schlussendlich jedoch nach dem Geschmack des Machos frei interpretiert. so kann es passieren, dass der Pizzabelag wunschgemäß für die Pizzen bestellt wird, dann aber noch eine "Veredelung" stattfindet, indem jeder Belag mit einer doppelten Käseschicht versehen

wird. Gewünscht oder nicht, zum Nachtisch werden natürlich noch die obligatorischen Zwei-Liter-Eimer mit Erdbeer-
und Vanilleeis mitbestellt, "Sublimierung" eben. Sollte dann
wider Erwarten ein wenig Kritik beim Zahlen der Rechnung
laut werden, kann der Macho auf die Pizzeria verweisen, die
einen Fehler gemacht haben muss, bei der Berechnung der
ganzen Sonderwünsche, die doch eigentlich "gratis" gewesen sein sollten. Gratis sind sie dann zum Schluss auch, zumindest für den Macho, draufzahlen müssen dann eh nur
die Verwandten.

Der Macho-Mann und sein Vehikel

Ähnlich wie es Peter Modler in seinem Buch „Das Arroganz-
Prinzip" (2017, z. B. S.19ff.) beschreibt, sind einfache Aus-
rufe (Interjektionen), laute Töne, Gesten und Handzeichen
eine der wirksamsten Kommunikationsmittel des einfachen
(primitiven) Mannes, der einfachen Frau bzw. des Machos,
um sein Revier zu markieren und andere einzuschüchtern.
Je lauter und gewaltiger desto besser. Genau nach diesem
Prinzip ist meistens auch sein Fortbewegungsmittel aufge-
baut. Befindet sich der Macho in einer sozial schwächer gestellten Situation, dann wird schon mal das Moped "aufge-
bockt", "aufgebohrt" und verbotener Weise schneller
gemacht, der schöne Nebeneffekt dabei ist, dass das Ge-
fährt jetzt so richtig schön laut und einfach nicht mehr zu
überhören ist. Nicht z. B., wie auf der Arbeit, wo der einfache Macho schon schnell einmal überhört wird, da er verbal

meist nicht so viel „draufhat", wie die neue Tacho-Anzeige seines Mopeds. Handelt es sich um einen wohlhabenderen und sozial besser gestellten Macho, dann kann man von einer sublimeren Form des Machismus sprechen. Hier wird das einfache Moped dann durch eine "Harley" oder einen Sportwagen ersetzt, der in erster Linie nicht schnell sein muss, sondern vor allem laut und bunt. „Laut" steht dann meist auch dafür, gewisse Defizite im Bereich der sozialen Fähigkeiten auszugleichen und trotzdem auf irgendeine Weise sich den Wunsch zu erfüllen, scheinbar attraktiv auf seine Umwelt zu wirken und sich mitzuteilen, sei es auf eine positive oder negative Art.

Die Sublime Form des Machos
("Heimisches bekanntes Territorium")

Ist der Macho-Mann wohlhabender und hat er eine höhere Position in Arbeit und Gesellschaft, dann bedient er sich sublimeren Methoden seine Überlegenheit auf machistische Weise zu demonstrieren. In beruflicher Beziehung ist er entweder selbständig oder in einer höheren Position in einem Angestelltenverhältnis (Filialleiter), aufgrund seiner meist mehrjährigen Praxiserfahrung, kann er oder sie die narzisstischen- und selbstbestätigenden Neigungen meist voll ausleben, indem Untergebene und Neulinge zurechtgewiesen werden und ihnen, durch Einschüchterung, gezeigt wird, wie sie sich zu verhalten haben. Machos dieser Art sind sehr egozentrisch, selbstverliebt und haben ihr weiteres

Selbstvertrauen dadurch erworben, dass sie sich meist nur auf heimischem, bekanntem Territorium aufhalten. Ein schönes Beispiel für das "machistische Heimspiel" ist das des "Restaurants um die Ecke", hier kommt der Macho seit Jahren schon fast jeden Abend hin, um auch beim Essen seine Macho-Allüren zelebrieren zu können. Zunächst einmal ist es wichtig, der Umwelt mitzuteilen, dass der "Macho" jetzt da ist, hierzu eignen sich z. B. ein Löffel und ein Glas, das dann wie bei einer Ansprache, gegeneinandergeschlagen wird. Eilt dann der Kellner herbei, wird erst mal der schlechte Service bemängelt und dann bestellt. Die daraufhin gebrachten Speisen und Getränke können dem Anspruch eines Machos jedoch "nie" genügen, mindestens ein Getränk und eine Speise müssen zurückgehen und moniert werden. Sollte es bis dahin noch nicht ausgereicht haben den Restaurantmanager zu alarmieren, wird dies spätestens bei der Beschwerde und Neuaufrechnung der "viel zu hohen Rechnung", gegen Ende der "Macho-Show" passieren.

3 Hausarbeit zu menschlichen Beziehungen

Warum der „kleine Hitler" in uns erkannt werden will?!

Der „kleine Hitler" schlummert in uns allen und muss akzeptiert, bearbeitet und reflektiert werden. Weil er erst nachdem er Beachtung findet, kontrollierbar wird! Ich spreche von Xenophobie, das ist die instinktive Angst und Ablehnung von neuen multikulturellen Beziehungen in Deutschland.

Ein Lied erklärt manchmal besser als tausend Worte:

„Natürliche Fusion

Alles verschwindet

Ich weiß nicht wann und warum

Das Klarste im Leben ist mir verborgen

Ohne meine Sinne würde ich das Leben verlieren

Aber ich kann immer noch mit der Seele fühlen,

mit der Seele

Freundschaft ist ein Geheimnis

Ein Schatz zwischen dir und mir

Es umgibt uns mit seiner Energie

Eine freundliche Hand

Ein Sturm der Liebe, Liebe

Träume und träume und träume wieder

Dein Blut ist mein Blut

Dein Körper mit meinem Körper

Natürliche Fusion"

(Quelle: Liedtext: „Fusion Natural" von der Band „Matato'a", frei übersetzt mit Hilfe des Google Translators)

Gesellschaftliche Tendenz zur kühlen Gesellschaft

Ich habe ein ausgewogenes Verhältnis zwischen weiblicher und männlicher Schreibweise gewählt. Einerseits, um das Mehr an weiblichen Arbeitnehmerinnen in den sozialen Berufen zu würdigen und andererseits, um die Identifikation des jeweiligen Geschlechts mit dem Text zu erleichtern. Die in diesem Text formulierten Thesen und Annahmen beziehen sich in erster Linie auf die deutsche Gegenwartsgesellschaft, die wieder lernen muss, dass Geld, Konsum und Selbstverwirklichung im Beruf keine erstrebenswerten Ziele sind, um die Seele nachhaltig zu erheitern.

Einleitung und Fragestellung

In der Moderne wurden zwar die traditionellen Muster sozialer Beziehungen weitgehend aufgelöst und somit das Individuum zu einem Grad der Selbstorganisation seines sozialen Lebens gezwungen, wie er in diesem Umfang vorher noch nie da gewesen war.[1] Ist dies aber gleichzeitig der Auslöser der Tendenz zu einer kühleren Gesellschaft in der Moderne? Also dahingehend, dass das moderne Individuum jeder Beziehung, die keinen unmittelbaren Nutzen verspricht, die „kalte Schulter zeigt". Dem möchte ich weiter auf den Grund gehen, indem ich schrittweise einzelne Beziehungsformen und Einflussgrößen von modernen Menschen beleuchte.

Neben den Einflüssen, Ansätzen und Themen von: Sozialem Wandel durch Modernisierung, Sozialen Milieus, Grundannahmen der Erlebnisgesellschaft, Strukturwandel in der Familie, die im Rahmen des Seminars: Soziologie von Partnerschaftsbeziehungen eingehend diskutiert wurden, möchte ich auf Basis des Buches: Die kühle Gesellschaft – Von der Unmöglichkeit der Nähe von Claudia Szczesny-Friedmann vor allem die ebenfalls im Seminar bereits diskutierten psychologischen und soziologische Erkenntnisse über Gründe von Individualisierung und Wertewandel und Folgen sozialer Veränderung in unserer heutigen modernen Gesellschaft bearbeiten. Sie dabei noch genauer beleuchten und detaillierter darstellen.

Strukturell werde ich folgendermaßen vorgehen:

Zunächst gibt es bei Menschen eine Grundangst zu überwinden, um z. B. tragfähige Beziehungen herstellen zu können. Diesen psychologischen Aspekt möchte ich zuerst beleuchten, da er unabhängig von Kulturen und Entwicklungshöhen eines Volkes oder des Einzelnen existiert.[1] Weiterhin allgemeine Veränderungen, die zur modernen Gesellschaft führten. Die Beziehung von Mann und Frau mit ihren ganz speziellen Ausprägungen und Aufgaben, die womöglich auch zur modernen Kühle beiträgt. Sowie spezielle Formen von Beziehungen, wie die Ehe, welche als traditionelle Beziehungsform bis heute überlebte, sich aber in der Moderne verändert hat und die Individualisierung für Menschen einfacher zu machen scheint. Zum Schluss hoffe ich durch die Verbindung dieser Teile auf eine Antwort.

Der Umgang mit Ängsten in der modernen Gesellschaft

Viele Menschen in unserer heutigen Gesellschaft wollen sich nicht eingestehen, dass wir heutzutage in einer sehr bedrohlichen Welt leben.[2] In Bezug auf die sozialen Fragen, wird dem nicht genug Beachtung geschenkt, dass wir immer mehr Menschen ausgrenzen, da sie im Bezug auf „Normalitätskriterien" zu stark abweichen.[3] So sind sie etwa zu jung, zu alt oder zu krank.[4] Oder sie haben einen unterdurchschnittlichen Ausbildungsgrad, sind nicht anpassungsfähig genug, zu durchschnittlich oder zu exzentrisch.[5] Oder sie sind Teil einer binationalen Beziehung.

Nicht wie es in traditionellen Gesellschaften der Fall ist, steht es von vornherein fest, welchen Stand der oder diejenige in der Gesellschaft einnimmt, sondern es entscheidet sich für jeden Einzelnen immer wieder neu, individuell, ob das soziale Leben oder der soziale Tod bevorsteht.[1] Mit einem zu starken Abweichungsgrad droht die Gefahr, aus der Geborgenheit des Dazugehörens herauszufallen, was dann Einsamkeit und Isolierung bedeuten kann.[2]

Wir stecken hier in einem „modernen Konflikt", da es uns durch den Individuationsprozess einerseits vorgegeben ist, zu eigenständigen Individuen heranzuwachsen und durch die modernen Normalitätskriterien andererseits vorgegeben wird, eher im Kollektiven, im Typischen Rahmen zu bleiben.[3]

Mit dem Verschwinden von traditionellen sozialen Bindungen und Beziehungen, schwächt sich eine „Wir-Identität" ab, die uns zumindest in einem begrenztem Raum Schutz bot, bis zu dem Punkt, dass alle „anderen" Menschen nur noch als potentiell gefährdend eingestuft werden und ein ständiges Misstrauen aufrecht erhalten werden muss.[4] Dies versetzt uns in einen Zustand von permanenter Angst vor Anderen.[5] Zum Beispiel mit Hilfe einer binationalen Beziehung, die eine neue Familienzugehörigkeit in einem anderen Land ermöglichen kann, können wir Verlustängsten und Isolation begegnen und so den „modernen Konflikt" wieder ausgleichen und neu ausbalancieren und zu nachhaltigen Beziehungen gelangen.

Abwehrmechanismen von (modernen) Ängsten

Eine Reaktion auf die eben beschriebene permanente Angst besteht z. B. darin, das Anderssein von anderen Menschen zu leugnen und sich selbst weitestgehend ähnlich machen zu wollen, um schließlich nur noch sich selbst zu begegnen.[1] Aber auch diese illusorischen Methoden sind kraftraubend, was den Energiehaushalt betrifft.[2] Zudem sollten diese Illusionen skeptisch betrachtet werden, da sie nicht der Wirklichkeit menschlichen Seins entsprechen.[3]

Bei einer stetigen Zunahme der Weltbevölkerung, wächst die Angst des Individuums, von anderen übertroffen zu werden und zugleich der Neid auf die anderen, die erfolgreicher waren.[4] Alle Erlebens- und Erfahrungsbereiche des modernen Individuums sind davon beeinflusst.[5] Ein weiteres Zusammenrücken, dadurch dass immer mehr Menschen auf gleich großem Raum Platz finden müssen, beflügeln nicht etwa Gefühle der Solidarität, sondern werden eher als bedrohlich aufgefasst.[6] Dabei entstehen bei den Menschen Formen von Aggressivität, die Angriffs- und Fluchttendenzen auslösen.[7] Bei der Unmöglichkeit von Angriff oder Flucht, wird gerne die Taktik „andere zu ignorieren" angewandt, so z. B. mit der Vermeidung von Augenkontakt.[8] Eine weitere Kennzeichnung, andere zu ignorieren, zeigt sich durch Teilnahmslosigkeit am öffentlichen Leben der Massengesellschaften.[9] Hier kann im besten Falle Platz für eine Rückbesinnung stattfinden, die unseren Geist wieder öffnet, belebt und zu Solidarität den anderen gegenüber bewegt.

Aufgrund des Konkurrenzdrucks zwischen den Menschen, kommt es immer wieder zu Situationen, dass fremde nicht ignoriert werden können, sondern die feindliche Nähe, ohne „Ignorierungsmöglichkeit", bewusst ausgehalten werden muss.[10] Hier kommt es mitunter zu Schlüsselmomenten für das innere Gleichgewicht von Individuen .[11] Umso feindlicher die soziale Umwelt wird, desto leichter verwischt die Wahrnehmung für das Individuum, ob es sich um ein Angsterlebnis seiner selbst handelt, das womöglich realistisch eingeschätzt wird, genauso könnte es aber auch eine Projektion der eigenen Hass- und Neidgefühle sein.[1] Die eigene Unfähigkeit, genau definieren zu können wo die Angst letztendlich herkommt, versetzt das Individuum in einen

Zustand permanenter Angst oder ängstlicher Erregung.[2] Da sich zwischenmenschliche Feindseligkeiten nicht vollends verschweigen lassen, wird meist der eigene Anteil daran übersehen, somit wird die Furcht vor dem anderen sozusagen verdoppelt, da wir uns auch noch selber im anderen fürchten.[3] Bei aller Gemeinsamkeit von Angst ist es jedoch so, dass Angst immer eine persönliche Prägung hat, die es nur geben kann, wenn sie von einem bestimmten Menschen erlebt und gespiegelt wird.[4] Eine nachhaltige Heilung der Angst kann hier nur durch die permanente Schaffung von neuen Beziehungen und/oder Beziehungserlebnissen in unserer globalisierten Welt erreicht werden. Nur so können wir uns wiederfinden, unsere Position definieren und ein neues angstfreies Selbstbewusstsein entwickeln.

Moderne Sicherheitsansprüche und Ängste

Das von der modernen sozialen Ordnung ausgegebene Credo lautet, einen größtmöglichen Abstand von möglichen Gefahrenquellen einzuhalten und Ängste nicht zu bewältigen, sondern sie nach Möglichkeit zu verdrängen bzw. mit ihnen zu leben.[5] Die moderne Taktik heißt also, der Auseinandersetzung mit Ängsten möglichst auszuweichen, was in anderen Worten eine Stagnation in unserer individuellen Weiterentwicklung bedeutet.[6]

Eine fruchtbare Angstverarbeitung z. B. durch Konfrontation ist gesellschaftlich nicht anerkannt.[1] Wer sich dennoch z. B. aus Angstlust oder aus Gründen der

Angstüberwindung Risiken aussetzt, ist für die moderne Gesellschaft selbst ein Risiko, da die Angst dort ihre disziplinierende Wirkung verloren hat.[2] Schon bei der Erziehung von heranwachsenden Menschen, wird dieser bereits beschriebene Umgang mit Angst, in der modernen Gesellschaft durch Konditionierungsvorschriften eingeimpft.[3] Ursprünglich aktive und aggressive Lustäußerungen des jungen Menschen werden in eine gesittetere Lust am Zuschauen umgewandelt.[4] Der Prozess der Zivilisation besteht hier also simpel ausgedrückt daraus, dass aus Akteuren Zuschauer gemacht werden.[5]

Eine gravierende Nebenwirkung dieses bereits beschriebenen Umgangs mit Ängsten und Lüsten etc. ist, dass die so disziplinierten Menschen Gefühle bekommen, wie am eigenen Leben nur als Nebendarsteller beteiligt zu sein und sich dadurch immer mehr im eigenen Leben zu langweilen.[6] So muss dadurch dann auch fremdes Schicksal umso gefährlicher, gewalttätiger und leidenschaftlicher präsentiert werden.[7] Bis hin zu einem fließenden Übergang zwischen Realität und Fiktion, wie z. B. in den Medien.[8] Denn jeder bekannt gewordene Unfall, bestätigt aufs Neue, die Notwendigkeit einer auf Sicherheit bedachten Lebensführung.[9]

Ein weiteres Manko des modernen Menschen ist dann auch, dass ihm Erfahrungen aus Grenzsituationen immer fremder werden und sich so das Einfühlungsvermögen des modernen Menschen immer weiter begrenzt.[10] Dies hat dann u. a. verheerende Auswirkungen auf unser soziales

Zusammenleben. Die Folgen der Konditionierung des modernen Menschen zu immer mehr Apathie und Zurückhaltung aufgrund des Sicherheitsgedankens führt im schlimmsten Fall dazu, dass in akuten Gefahrensituationen, die Menschen einfach nur noch aus sicherer Entfernung zuschauen.[1]

Der in der modernen Gesellschaft eingeübte Sicherheitsabstand gegenüber potenziellen Gefahren, schlägt damit nämlich auch gleichzeitig eine tiefe Furche in Werte, die unsere Gesellschaft festigen und letztlich begründen.[2] So lassen sich z. B. Werte wie: Mut, Zivilcourage, Hilfsbereitschaft und Anteilnahme nicht mit dem modernen Sicherheitsgedanken vereinbaren.[3] So sollten wir uns gut überlegen, ob wir es uns leisten können die genannten Werte zu verdrängen, die die Gegenstücke zu unseren Ängsten bilden.[4]

Eine wirkliche Bewältigung von Ängsten ist nämlich nur dann möglich, wenn wir versuchen, Gegenkräfte wie z. B. Mut, Vertrauen, Erkenntnis, Hoffnung und Liebe zu entwickeln.[5] Denn wenn alle Gefahrenquellen, die von außen kommen können, abgewehrt sind, sind die Gefahrenquellen, die von innen kommen können, umso größer.[6] Dann können zwar Mitmenschen nicht mehr in unser Leben eindringen, uns aber dafür z. B. die Abhängigkeit zu Angst zudeckenden pharmazeutischen Mitteln, unser Leben und unsere teuer erkaufte Sicherheit kosten.[7] Darum ist eine weitere Bewältigungsstufe in unser modernes Leben getreten, die uns dazu auffordert, genau in uns und auf uns selbst zu hören, uns zu konzentrieren, auf alle modernen Errungenschaften für einen bewussten Moment zu verzichten und mit unseren eigenen Füssen nach „draußen" zu gehen. Also selbst aktiv zu werden und zu sehen was dann passiert.

Mögliche Quellen der Herkunft der gesellschaftlichen Tendenz zur kühlen Gesellschaft

Früher, zu Zeiten traditioneller Beziehungen, wurde der Mensch in bestehende Gemeinschaften hineingeboren, die überschaubar waren und ein Leben lang anhielten.[1] Neben den bekannten Freunden gab es nur noch die Fremden als seine Feinde.[2] Dies machte ein Unterscheiden einfach und erklärt gleichzeitig einen möglichen Entstehungsgrund von Xenophobie bzw. einen tiefgründigen Vorbehalt und Skepsis gegenüber Fremden. Gerade auch In der Heutigen globalisierten Welt, die internationaler geworden ist und somit Fremde in Form von Migranten einfacher und häufiger in unsere unmittelbare Umgebung bringt.

Die Anzahl der persönlichen Beziehungen eines Großstadtbewohners in der heutigen westlichen Welt umfasst ca. 20–50 Personen, dazu gehören die eigene Familie, Verwandte sowie Freunde und Nachbarn.[3] Einen größeren Kreis umfassen die Personen, die der Großstadtbewohner kennt, die aber sonst keine größere Rolle im Leben spielen wie Bekannte, Arbeitskollegen oder Menschen die in funktioneller Weise zu ihm stehen.[4] Alle anderen Personen, denen der moderne Großstadtbewohner begegnet und in deren Mitte er sich bewegt, sonst aber nicht weiter wahrnimmt, sind die Menschen, an denen er vorbeigeht, jeder jedoch seinen eigenen Zielen und Interessen folgt.[5] Eine binationale Beziehung kann die zu kleine oder oft fehlende Familienkultur und die damit verbundenen Schutzfaktoren wieder ausgleichen. Gleichzeitig wird man z. B. als Deutscher der neuen globalisierten Herausforderung gerecht, neue nachhaltige Beziehungen kennenzulernen, im Alltag zu akzeptieren und zu gestalten. Im besten Falle fühle ich mich dadurch gestärkt, glücklich und zufrieden.

Exkurs – die deutsche Nachkriegszeit

Eine Betrachtung der Möglichkeit, wo die moderne Kühle in der deutschen Gesellschaft herkommen könnte, wäre unvollständig, wenn die Ereignisse und die Offenbarung der schrecklichen (kollektiven) Energien der Nazidiktatur nicht mit ins Kalkül gezogen würden. Die weitgehend unaufgearbeitete deutsche Geschichte zu Zeiten des Nationalsozialismus lässt meiner Meinung nach wesentliche Punkte erkennen, die für die weitere Entwicklung der modernen Gesellschaft in Deutschland, zumindest mitverantwortlich gemacht werden können. Gerade die mangelnde Aufarbeitung und Verleugnung der Geschehnisse dieser Zeit, hat Folgen, die früher oder später ihre Auswirkungen zeigen.[1]

Zunächst spricht Mitscherlich[2] von einer kollektiven „Schrecklähmung", die aufgrund der Geschehnisse des 2. Weltkriegs nach 1945 einsetzte. Daraufhin setzte ein kollektiver „Schreckegoismus" bei den Überlebenden ein, welcher seine Folgen bis in die heutige Zeit überliefert haben könnte.[3] Die kollektive Hörigkeit, die sich damals manifestierte, hat ihre Spuren in der Gesellschaft hinterlassen. So ist z. B. laut Mitscherlich[4] festzustellen, dass Hörigkeit immer zwei Effekte mit sich bringt: die Selbständigkeit geht dabei verloren oder wird nie erreicht und reaktiv dazu sammelt sich Hass an. Hass über die Unfreiheit, welcher sich soziale Ventile sucht, wie die Zunahme der Neigung zu Intoleranz.[5] Die Unfreiheit wiederum widerspricht dem Reifungsbedürfnis des Menschen.[6] Weiterhin stellt Mitscherlich[7] fest, dass die Angst vor der selbstständigen Entscheidung ein durchgängiges Phänomen unserer zeitgenössischen Kultur ist. Trotz der heutigen Informationsgesellschaft gibt es Millionen, die an einmal angenommenen Einstellungen festhalten, obwohl es einfach wäre, z. B. durch ein Gespräch mit dem Nachbarn, der vielleicht auch aus einem anderen Land kommt, seine Meinung durch eine schlüssigere abzulösen.[1]

Eine weitere interessante Feststellung ist, dass sich Angst beim Einzelnen umso leichter erwecken lässt, je unüberschaubarer die Gesellschaft in ihren Dimensionen wird. Weiterhin werden noch Sicherungsbedürfnisse des Einzelnen erwähnt, die so viel Ablösung von den verinnerlichten Autoritäten verlangt, die unser Verhalten bestimmen, dass diese Situation vom Einzelnen nur in einem langen Prozess bewältigt werden kann.[2] Nur eine „innere Ordnung" kann dem entgegenwirken. Diese wird durch ein gesundes Selbstbewusstsein genährt, das nur durch einen starken z. B. familiären Rückhalt ent- und bestehen kann.

Genauso wie die Nazis sich dieses Wissen zunutze machten und es destruktiv einsetzten, kann es sich die moderne Gesellschaft zunutze machen und konstruktiv nutzen.

Neue Chancen und Risiken moderner Beziehungsformen
Die Herausforderung der Moderne besteht darin, dass die Beziehungen der Menschen heute weniger im festen Rahmen von Blutsverwandtschaft und Religion geregelt sind und sich somit keine klare Regelung ergibt, was von anderen erwarten werden kann und selber zu erbringen ist.[3] Der vorbehaltlose Schutz der Gemeinschaft, der sich auf der Beschneidung der eigenen Grundrechte von Entscheidungsfreiheit und individueller Lebensführung gründete, ist heute so nicht mehr gegeben.[4] Für den „Gewinn" an Selbstbestimmung, muss sich heute jeder seine soziale Welt selbst konstruieren, mitunter immer wieder aufs Neue.[5] Bis auf die Eltern-Kind-Beziehung gibt es in der moderne keine stabilen und dauerhaften zwischenmenschlichen Beziehungen mehr.[1] Auch wenn das Ideal der traditionellen lebenslangen Beziehungen in der modernen Gesellschaft weiterhin existiert, gibt es dieses jedoch real immer seltener.[2] Teilweise ist also jeder von uns gefordert, seine Beziehungen neu zu erfinden, offen für neue Beziehungsformen zu sein und eine gewisse Flexibilität zu entwickeln, die unsere sich stark und schnell verändernde Welt besser versteht und akzeptiert.

Chronische Vereinsamung, Verlassenheitsgefühle und die Angst davor, einsam zu werden, sind für immer mehr

Menschen in der modernen Gesellschaft ein zentrales Lebensthema.[3] Im Zuge der fortschreitenden Vergesellschaftung des Menschen, werden immer größere Normen angenommen, so z. B. vom Stamm zum Staat.[4] Im Prozess der Verlagerung der Balance vom „Wir" zum „Ich" in der Gesellschaft, kann es soweit kommen, dass sich Menschen im Extremfall als „wir-lose Iche" fühlen.[5] So gehört das moderne Individuum zwar durch die Arbeit, Region oder durch private Interessen vielen Gruppen an, so z. B. den Auto-Bauern, den Frankfurtern oder dem örtlichen Fußballverein, jene Mitgliedschaften sind jedoch emotional nicht so stark besetzt und bieten meist kaum eine umfassende soziale Unterstützung.[6] So ist die Familie mitunter die letzte Quelle von vorbehaltloser Unterstützung.[7] Wie schafft man also wieder einen nachhaltigen Sinn im Leben?

Aber auch hier wird von der modernen Gesellschaft vom einzelnen gefordert, sich möglichst frühzeitig abzulösen, um ungebunden zu sein und somit den Erfordernissen des Arbeitsmarktes zu entsprechen.[8] Der oder die Alleinstehende ist nach ökonomischen Gesichtspunkten am zweckmäßigsten und provoziert gleichermaßen den letzten Schritt vom Wir zum wir-losen Ich.[9] Hier ist das Individuum gefragt, die Balance von Selbstbewahrung und Selbstverwirklichung zu finden.[1] Hier muss manchmal auch der Traumjob aufgegeben werden, um überlebensfähig zu bleiben und nicht alles dem Job zu opfern.

Die Kosten für die Ablösung von Traditionsbestimmten Beziehungen und die Entwicklung hin zu individueller Unabhängigkeit sowie Selbstverwirklichung, bestehen in der mangelnden Verlässlichkeit von sozialen Beziehungen.[2] Weiterhin ist ein Verlust an Geborgenheit und menschlicher Nähe in Kauf zu nehmen.[3] Dadurch haben sich auch der Charakter und die Qualität der zwischen- menschlichen Beziehungen geändert, Schnelllebigkeit und ein Kosten-Nutzen-Denken hat in unsere heutigen Beziehungen Einzug erhalten und wird je nach Lebensart und –weise des einzelnen, mehr oder weniger gewichtet.[4]

Zusammengefasst zeichnen sich moderne soziale Beziehungen dadurch aus, dass sie beliebig, austauschbar und zu jeder Zeit aufkündbar sind.[5] Gleichermaßen scheint sich der Charakter der modernen Beziehungen dahingehend geändert zu haben, dass sie unzuverlässig, mangelhaft und nicht dauerhaft geworden sind.[6] So ist man heute eher davon überzeugt, dass der Preis für eine moderne Beziehung zu hoch ist.[7]

„Alleinstehende bilden eine besonders Gesundheitsgefährdete soziale Gruppe".[8] Weiterhin gilt jedoch das Credo, Beziehungen zu haben, auch von schwacher Qualität, ist der Schlüssel zu Erfolg.[9] Die Quantität an losen Beziehungen bietet also die Gewähr, auf dem Laufenden zu sein und keine (vor allem im beruflichen) Chance zu verpassen.[10] Emotionale Bedürfnisse stehen dafür jedoch hinten an.[11]

Der dafür in Kauf genommene Preis der Mitmenschlichkeit ist enorm, denn das persönliche soziale Netz hat viele Funktionen die schwer zu missen sind.[1] Es schützt uns nicht nur vor Isolation und erfüllt eine Pufferfunktion in Stresssituationen, sondern es hilft auch bei der Realisierung von individuellen Wünschen.[2] Je sicherer die sozialen Beziehungen sind, desto höher ist die eigene Lebenserwartung, desto besser ist der Gesundheitszustand und die Chance sich von schweren Krankheiten und Krisen zu erholen.[3] Auch in der moderne gehören befriedigende, enge und gefühlsbetonte Beziehungen zu einem begrenzten Personenkreis zu den wichtigsten immateriellen Voraussetzungen unserer Existenz.[4] Dadurch, dass der Mensch ein soziales Wesen ist.[5] Wir können also qualitativ hochwertige Beziehungen, die ihren Preis haben, nicht gegen quantitativ minderwertige Beziehungen, deren Pflege weitestgehend ein Computer übernimmt, austauschen. Die Folge wäre ein Selbstverlust und die Unfähigkeit tiefergehende Beziehungen zuzulassen.

Die Beziehung von Frau und Mann

„Frauen sorgen für Nähe, Männer halten auf Distanz".[6] Frauen sind nach Szczesny-Friedmann[7] zugänglicher und haben stets den größeren Teil der gesellschaftlichen Beziehungsarbeit geleistet. Grund dafür ist das Frauen eher dazu bereit sind, die mit der Pflege sozialer Beziehungen verbundenen Kosten zu investieren, als Männer.[8] Frauen sind anderen Menschen gegenüber generell offener als Männer.[9] Sie beherrschen viele soziale Berufe, da sie eher dazu bereit sind, auf andere einzugehen und sich für sie zu engagieren.[10]

Frauen sind für beide Geschlechter die beliebteren Gesprächspartner.[1] Männer untereinander versuchen sich häufig gegenseitig zu übertrumpfen, anstatt Anteilnahme am Gesagten des Gegenübers zu nehmen.[2] Unter einem Deckmantel betont witziger Bemerkungen werden mitunter harte Schläge ausgeteilt, was zu einer unterkühlten und aggressiven Atmosphäre führen kann.[3] Dieses Denken in Kategorien von Konkurrenz und Rivalität lässt dann schon schnell mal eine „kalte Schulter" aufblitzen, was das Ende für die soziale Beziehung bedeuten kann.[4] Sobald jedoch eine Frau hinzukommt ändert sich meist der Gesprächston, hin zum Freundlichen und mehr ins persönliche gehend, da das weibliche Publikum oft wohlwollender gesinnt ist.[5] Frauen leisten also somit ein fast unsichtbares Mehr an Beziehungsarbeit, welches Sie auf Dauer höhere Anstrengungen kostet.[6]

Männer begeben sich somit in eine Abhängigkeit der sozialen Leistungen der Frauen.[7] Die Partnerin fungiert oft als zentrale Vermittlungsinstanz für viele menschliche Beziehungen, so z. B. im privaten Bereich, wo die soziale Kontaktaufnahme meist an Frauen delegiert ist.[8] Da Männer in diesem Fall über keine Kompetenzen verfügen, Beziehungen zu knüpfen und zu pflegen, kann dies bei einem Ausfall der Partnerin, z. B. durch plötzlichen Tod, zu ernsthaften Schwierigkeiten für den Mann führen.[9] Diese Abhängigkeit der Männer von Frauen bleibt häufig sehr lange unentdeckt, da ihre emotionalen Bedürfnisse im Allgemeinen kontinuierlich befriedigt werden, zunächst von der Mutter und dann von der treusorgenden Ehefrau.[10] Frauen hingegen haben schon in frühen Jahren zu lernen, auf die Mutter ersatzlos zu verzichten.[11]

Hohe Scheidungsraten in den Industrieländern und ein Mangel an Zeit der modernen, vor allem auch außerhäuslich, arbeitenden Frau hat diese klassische Rollenverteilung verändert.[1] Die Beziehungsarbeit der Frau, ist wie die generellen modernen Beziehungen, weniger verlässlich und kurzweiliger geworden.[2] Im Individualisierungsprozess der Moderne, muss die Frau immer mehr auch ihren „eigenen Mann stehen" und hat dadurch weniger Ressourcen ihre klassische Beziehungsarbeit fortzusetzen.[3] Das generelle Interesse an sozialen Beziehungen besteht zwar unvermindert, jedoch hat in der Moderne eine Verlagerung des Schwerpunktes auf Beziehungen außerhalb von Ehe und

Familie stattgefunden.[4] Auch um die Unabhängigkeit der Frau zu fördern.[5] Es muss hier also eine neue Balance gefunden werden, um wohlwollende Kommunikation und Beziehungen neu zu definieren.

Der männliche Machtfaktor

Was schon Max Weber[6] erkannte, ist, dass wer über Macht verfügt, keinen Grund hat Einfühlungsvermögen, Liebenswürdigkeiten, Charme und Verständnis für andere entgegenzubringen. Dies kann also ein wesentlicher Beförderer der kühlen Gesellschaft sein, gerade auch unter dem Aspekt, dass sich Machtgefälle in einem stetigen Wandel befindet.[7] Das haben wir schon am Beispiel des Machos gesehen. Ein weiteres Indiz, dass die Gesellschaft kühler wird könnte darin gesehen werden, dass gerade sehr wertvolle und notwendige Eigenschaften, die dem sozialen Zusammenhalt dienen traditionell der weiblichen Rolle zugeteilt werden, abgewertet werden.[8] Sich um andere kümmern, auf sie zuzugehen und Mitgefühl zu zeigen, hat nicht nur einen hohen Aufwand an Energie und Zeit zur Folge, sondern es wird auch als Zeichen von Schwäche und Machtverlust gesehen.[1] Was auch begründet, warum Frauen und Mädchen ihre emotionalen und sozialen Talente ohne Einschränkungen entfalten konnten, da die Männer währenddessen vor allem mit der Einübung von sozialer Unzulänglichkeit beschäftigt waren.[2]

Die in der Moderne auftretenden Veränderung des Machtgefälles zwischen Mann und Frau, bescheren beiden Geschlechtern neue Aufgaben.[3] So müssen z. B. Frauen lernen, selbständiger und selbstverantwortlicher zu leben.[4] Männer sollen jetzt selbst lieben lernen, also auf das Privileg von Distanziertheit verzichten und ihren Teil notwendigen zur Herstellung und Aufrechterhaltung von Beziehungen beitragen.[5] Da vor allem aber auch aus beruflicher Hinsicht „Social Skills" immer zwingender erforderlich sind, ist die Fähigkeit und die Möglichkeit, soziale Beziehungen aufzubauen und aus ihnen Nutzen zu ziehen, entscheidend für die Karriere- und Lebenschancen des Einzelnen.[6] Fähigkeiten, wie die präzise Einschätzung der eigenen Fähigkeiten und Mängel, und soziale Geschicklichkeit im Sinne von Menschenkenntnis – haben sich als maßgeblich für beruflichen Erfolg herausgestellt.[7]

Fast schon ironisch ist dabei anzusehen, dass in dem Moment, wo Männer „Social Skills" als karrierefördernd entdecken, Frauen sie als karrierehemmend abbauen möchten.[8] Da Frauen sie jedoch vorwiegend für andere einsetzen und Männer sie für sich selbst nutzen möchten, kann darin eine Tendenz zur kühleren-, effizienteren- und eigennützigeren Ausnutzung dieser Fähigkeiten gesehen werden.[9] Ein schönes Beispiel hierfür ist das Buch: Die Kunst der Diplomatie von Frank Naumann, hier wird in männlicher Form detailliert erklärt, wie sich Beziehungen aufbauen, und gezielt, zum eigenen Nutzen in Anspruch nehmen lassen.[1] Weiterhin kann auch davon ausgegangen werden, dass im Zuge von Individualisierung und der Auflösung von traditionellen Rollenstereotypen, Frauen sich dem ehemaligen Verhaltensstil der Männer annähern werden.

Denn wie auch Szczesny-Friedmann[2] feststellt, dass die „Ver-Professionalisierung" zwischenmenschlicher Beziehungen natürlich nicht den Männern allein anzulasten ist; hat sie aber als Voraussetzung die Zerstörung der als „natürlich" empfundenen Zwischenmenschlichkeit – nämlich traditioneller Bindungen und Beziehungen. Sie treibt diesen Prozess jedoch zugleich voran. Um hier eine Ausgeglichenheit zu erzeugen, sollten Männer die Selbstlosigkeit entdecken und den Sinn- und Zweckgedanken aus der nachhaltigen Kommunikations- und Beziehungsgestaltung zu einem Großteil streichen.

Die Ehe im Wandel der modernen Gesellschaft

Im heutigen Wandel der modernen Gesellschaft, die eine immer höhere Tendenz zur Autonomie hat, ist die bürgerliche Ehe einer der letzten Instanzen, welche die Qualitäten der traditionellen Gemeinschaft, wie Beständigkeit und Zuverlässigkeit etc. zu wahren vermag.[3] Aber auch die moderne Ehe steht unter den Prämissen der modernen Gesellschaft.

Die heutzutage recht einfache Möglichkeit der Scheidung, lässt die moderne Ehe zu einem Aushandlungsprozess werden, der jeden Tag neu entschieden werden muss.[4] So sind Konflikte, Launen, Nachlässigkeiten und Eigensinn immer wieder Gründe für eine Scheidung, da der feste Rahmen nicht mehr besteht, trotz dieser Widrigkeiten zusammenzubleiben.[5] Der einst sichere „Hafen der Ehe" hat sich zu einem „Wechselbad" entwickelt, das die Ehepartner ständig neu auffordert, die Beziehung und sich selber zu überprüfen.[1] Und zwar danach, ob der- oder diejenige das Gemeinsame, so eigentlich noch will.[2] Ein weiterer Kräftezehrender dauerhafter Prozess ist der Schwund an Konventionen, an denen sich traditionelle bürgerliche Ehen einst orientieren konnten.[3] Es gilt weiterhin zu klären, wo individuelle Freiräume anfangen.[4]

In der heutigen modernen Industriegesellschaft gibt es also die permanente Auseinandersetzung zwischen Individuen, um die Details ihres Zusammenlebens zu klären.[5] Damit ist einerseits eine höhere Ebene erreicht, was die persönlichen Entfaltungsmöglichkeiten betrifft, dies jedoch andererseits von einer Basis ausgehend, die nicht mehr auf den Hintergrund eines geregelten Lebens zurückgreifen kann.[6] Die somit zwangsweise Mehrbeschäftigung mit dem Partner oder der Partnerin, tritt dann in den Vordergrund.[7] Dies kann mitunter allzu leicht dahin führen, dass der Partner in die Rolle des Gegners gedrängt wird und als „Blockierer" für eigene Ziele empfunden wird.[8] Im unglücklichen

Falle ist die Balance zwischen den Vor- und Nachteilen, die ein Ehepartner im gemeinsamen Leben sieht, im Ungleichgewicht, und führt heutzutage immer häufiger zur Scheidung und dem damit verbundenen Alleinsein.[9] Der Mann muss sich mehr mit der Beziehungsarbeit und -pflege beschäftigen, ob es ihm nun lieb ist oder nicht. Dabei wird er Neuland betreten und neue Unsicherheitsgefühle erfahren, die vorher nur von den Frauen empfunden wurden. Kann er diese neue Herausforderung annehmen? Sicherlich mit Freuden.

Nicht nur die Ausschreibung der Legitimität des Alleinseins durch die moderne Gesellschaft, sondern auch die Steigerung der Attraktivität dessen, z. B. durch Subventionen des „Single-" Marktes der Wirtschaft, scheint es dem Ehemann oder der Ehefrau, den finalen Schritt der Scheidung zu gehen, einfacher zu machen.[1] Die Beendigung einer ursprünglich auf (Lebens-)Dauer angelegten Beziehung ist in der modernen Gesellschaft akzeptiert und wird mittlerweile von vielen nicht mehr zu einem integralen Bestandteil einer bürgerlichen Normalbiografie gezählt.[2]

Die Beziehungsform der Ehe hat mittlerweile ernste Konkurrenz bekommen und muss sich immer häufiger alternativen Lebensarten unterordnen.[3] Während es zu früheren Zeiten genügte, das Festhalten an der traditionellen Ehe mit der Abwesenheit von extremen Missständen zu begründen, wird heute aufgrund der Prämisse der freien Entscheidung, eine Vielzahl von positiven Begründungen verlangt, um diese traditionell auf Dauer angelegte Beziehungsform zu legitimieren.[4] In dieser Form werden die Anforderungen an die traditionelle Partnerschaft und Ehe ungemein in die Höhe getrieben.[5] Jede noch so kleine Abweichung von den Idealvorstellungen, welche diese traditionelle gemeinsame Partnerschaft mit sich bringt, kann die Entscheidung für eine Alternative zur Ehe befördern.[6] Eine eheliche Beziehung zu ersetzen ist die große Herausforderung, denn es ist etwas über Jahrhunderte Gewachsenes.

Ausgeglichene Beziehungen ermöglichen

Die Eigenleistung in der Beziehungsarbeit ist um einiges höher, da wo sich soziale Bindungen nicht mehr durch die verwandte Herkunft, Familie, Stand oder Wohnort auszeichnen.[7] Hier gilt es ein gewisses soziales Geschick mitzubringen, um sie herzustellen und zu pflegen, zudem bedarf es weiterhin eines beträchtlichen Maßes an Energie, Zeit und Geld zu investieren, um die traditionellen Bindungsvoraussetzungen auszugleichen.[1]

Anstatt jedoch den neu entstandenen Vorteil der Beziehungsvielfalt zu nutzten, ziehen sich immer mehr Menschen ins Private zurück.[2] Trotz des Rückgangs traditioneller Bindungsformen kommt es bisher noch eher selten vor, dass Freundes- und Bekanntenkreise ersatzweise dafür ausgebaut werden.[3] Wichtigster Bezugspunkt bleibt die Familie.[4] Gründe hierfür sind vor allem die Aufwendungen sozialer

Beziehungen, so werden bei jeder neuen Beziehung z. B. für Leistungen auch Gegenleistungen erwartet.[5]

Viele Menschen scheuen sich auch davor, Außenstehenden ihr ganzes Privatleben offen zu legen oder es fehlt an gegenseitigem Vertrauen.[6] Weiterhin ist der empfundene Nutzen einer solchen Freundschaft gering, da sich dieser oftmals erst in nicht zu bewältigenden Notsituationen der Nutzen offenbart.[7]

Erst nach dem sie nicht mehr vorhanden sind, wird dem einzelnen Menschen klar, wie sehr er traditionelle Bindungen benötigt, um das physische und psychische Wohlbefinden aber auch die soziale und ökonomische Existenz aufrecht zu erhalten.[8] Jetzt ist jedem selbst die Verantwortung gegeben, für seine sozialen Beziehungen und auch die damit verbundenen Risiken.[9] Steigende Scheidungsraten und die Angst vieler Menschen sich gegenüber neuen Beziehungen zu öffnen, scheint darauf hinzuweisen, dass vielen Menschen das Risiko für neue moderne soziale Beziehungen zu hoch ist.[10] Es wird also eher in Kauf genommen, über die Familie hinaus, keine Bindungen, keine Zugehörigkeiten letztendlich keine Geborgenheit zu besitzen und so weder sich noch die Welt besser kennen zulernen.[11]

Im besten Falle können wir hier von einer Testphase sprechen, bei der jeder neue Beziehungs- und Kommunikationsformen ausprobieren kann. Danach sollte jeder in sich gehen und überlegen, was er oder sie wirklich möchte und welche Beziehungsform die Richtige ist. Da wir alle

Menschen sind, brauchen wir alte oder neue Beziehungsformen, um miteinander konstruktiv in Kontakt zu treten. Nur wenn wir uns einigermaßen verstehen können wir miteinander leben, lieben und unsere Welt erfahren.

Schlussteil und Zusammenfassung

Der Umgang mit den Grundängsten, bewegt sich im Rahmen von Normalitätskriterien, die von der modernen Gesellschaft vorgegeben werden. Hier gilt es jeden Tag aufs neuen diese Kriterien zu erfüllen und nicht zu stark von der Norm abzuweichen, da sonst der Ausschluss droht. Die Balance zwischen Individualität und Normkonformität muss zumindest nach außen stimmen. Durch den Verlust von traditionellen Bindungen leidet die Wir-Identität und schafft gleichzeitig Rückzugsräume ab.

Häufige Abwehrmechanismen in der modernen Gesellschaft sind Verleugnung, Projektion und Verdrängung, um dem zunehmenden Konkurrenzdruck einer sich vermehrenden Bevölkerung zu begegnen, die immer weniger Rückzugspunkte bietet. Moderne Sicherheitsansprüche gehen dahin, dass Ängste nicht mehr bewältigt, sondern nach Möglichkeit umgangen werden sollen. Diese auf Sicherheit bedachten Anforderungen haben Auswirkungen auf das soziale Zusammenleben, und zwar dahingehend, dass eine Scheu entsteht, anderen zu helfen und Beziehungen aufzu bauen.

Zu Hochzeiten traditioneller Beziehungen wurde der Mensch in überschaubare lebenslange Beziehungen hineingeboren. Heute ist die Welt komplizierter und unüberschaubarer für das Individuum geworden, in Zeiten von Globalisierung und verstärkter Migration.

Unverarbeitete Erlebnisse aus den Folgen der Nazidiktatur wie: Schreckegoismus, angestauter Hass aufgrund von kollektiver Hörigkeit, Angst vor selbständigen Entscheidungen und Sicherungsbedürfnisse des Einzelnen aufgrund von verinnerlichten Autoritäten haben ihre Spuren hinterlassen und sind für heutige Situationen und Einstellungen der Menschen in der modernen Gesellschaft mitverantwortlich. Stabile und lebenslange Beziehungen gibt es mittlerweile immer seltener, der Trend geht zu den schnelllebigeren und Kosten-Nutzen orientierten Beziehungen. Dadurch wird eine Identifikation des Individuums mit seinem Umfeld immer schwieriger und ist weniger emotional besetzt. Weiterhin sind Beziehungen ein muss, um im Leben weiterzukommen, sie sind jetzt nur weniger emotional. Dieses in Kauf zu nehmen ist für das soziale Wesen Mensch jedoch fatal, z. B. für seine Gesundheit. Die Rollen von Frau und Mann verändern sich in der modernen Gesellschaft. Hatte früher die Frau die Mehrarbeit an sozialen Beziehungen für andere, so ist es heute der Mann der „Social Skills" zu seinem eigenen Nutzen entdeckt. In der klassischen Rollenverteilung war der Mann von den sozialen Fähigkeiten der Frau abhängig, heute hat eine Gewichtsverlagerung stattgefunden. Die traditionelle

Ehe ist eine der letzten Bastionen des langzeitlichen Zusammenlebens. Aber die Einflüsse von Autonomie, Konventionen und permanenten Auseinandersetzungen über den Sinn der Ehe haben auch sie unsicherer gemacht. Der Status des Singles ist heute vor allem durch die Vorgaben des Wirtschaftsmarktes mehr denn je akzeptiert. Er ist aber auch gleichzeitig mit mehr Beziehungsaufwand und Risiken verbunden. Neben dem Rückzug in die Familie, ist der Aufwand und die Notwendigkeit, sich gegenüber anderen gänzlich öffnen zu müssen, immer öfter ein Grund für moderne Menschen, gar nicht erst damit anzufangen.

Resümierend konnte ich einige wesentliche Beförderer und Mechanismen ausmachen, die für die Tendenz zur kühlen Gesellschaft bzw. einer Steigerung der sozialen Kälte in Deutschland mitverantwortlich sind. So z. B. die rigiden Normalitätskriterien, unverarbeitete Ängste, übersteigerte Sicherheitsansprüche, eine Unübersichtlichkeit der Gesellschaft für das Individuum sowie das Knüpfen von Beziehungen aus Eigennutz und Berechnung. Hier konnte ich, durch Themenschwerpunkt und Blickwinkel, nur einige Wirkfaktoren ausmachen und bearbeiten. Ähnlich wie Normalitätskriterien, erwachsen auch immer wieder neue Beförderer oder Ausprägungen einer kühlen Gesellschaft. Genau wie es aber Beförderer einer kühlen Gesellschaft gibt, so gibt es auch positive Gegenmittel und Strategien, die zu einer Bewältigung dieser Missstände in der Lage sind. Hier geht es vor allem um Werte wie: Solidarität, Zivilcourage,

Hilfsbereitschaft und Anteilnahme sowie Vertrauen, Erkenntnis, Hoffnung und Liebe. Sie bilden die Mittel, um wieder eine Balance zwischen Individualisierung, Selbstverwirklichung und Selbstlosigkeit herzustellen, die in der modernen Gesellschaft aus dem Gleichgewicht gekommen ist und erst wieder neu austariert werden muss.

Die Überbewertung von technischem Fortschritt und ökonomischen marktwirtschaftlichen Faktoren, befördern den Trend zu einer kühlen Gesellschaft. Nur die Fokussierung und (Wieder-)Entdeckung der sozialen Werte in unserer Gesellschaft kann dies wieder ausgleichen. Viele von uns wollen jedoch scheinbar zunächst die kühle, machistische, moderne und sterile Seite von Kommunikation und Beziehungen spüren und kennenlernen. Dies wohl für die eigene Orientierung, um dann wieder zu den „warmen Werten" zurückzufinden und diese dann richtig schätzen zu lernen. Denn wir vermissen erst etwas richtig, wenn es nicht mehr da ist.

(Eine detaillierte Übersicht finden Sie in den Quellenangaben ab Seite 126 in diesem Buch.)

4 Rettungsversuche: vom Gemeinschaftshaus zur Rettung der Weltgemeinschaft

„We Are Here To Rescue You!"

Die Beachtung möglicher Synergieeffekte für Migration und Kommunikation, wenn alle Generationen und Geschlechter gleichermaßen zusammen arbeiten, können entscheidend sein. Es sollte versucht werden, Unterschiede zu nutzen, um ausgewogene Beziehungen zu ermöglichen.

Es ist besonders von den Bewohnern eines benachteiligten Wohngebiets eine auffallend häufige und kritische Benennung der personellen Situation zu verzeichnen und der Ruf nach mehr Personal im Bereich Gemeinwesenarbeit. Positiv interpretiert ist hier der Versuch zu deuten, wieder einen Kontakt herzustellen und einen Dialog neu zu beginnen. Die Situation dieser Menschen befähigt sie, andere Menschen schneller zu akzeptieren und mit ihnen umzugehen. Sie haben eine Lebenserfahrung, die zum Beispiel die höheren sozialen- und akademischen Gesellschaftsschichten entbehren. Damit könnten sie die Lösung oder der „Kitt" sein, der eine neue multikulturelle Gesellschaft verbindet, wenn diese Ressource rechtzeitig erkannt, befördert und richtig genutzt werden kann. Somit sollen in diesem Kapitel Lösungsszenarien entworfen werden, die, anhand des Beispiels einer Gemeinschaft in einem Gemeinschaftshaus, auf die Gesamtbevölkerung unseres Gemeinschaftshauses und Gemeinschaftsprojekts „Erde" übertragen werden sollen.

Festzustellen ist, dass für alle Gruppen in einem Gemeinschaftshaus bis auf die Gruppen des benachteiligten Wohngebiets also: Frauengruppen, Männergruppe und Seniorinnengruppe, eine kontinuierliche Begleitung gewährleistet ist. Die erstgenannten Gruppen werden jeweils nur einmal monatlich begleitet. Automatisch oder unterbewusst wird die professionelle Begleitung, deren Personal meistens einen akademischen Titel besitzt, also aus einer höheren Bildungsschicht kommt, von „anderen" Gruppen, die nicht zur selben sozialen- oder Bildungsschicht gehören, benachteiligt oder nach Maßstäben der eigenen Schichtzugehörigkeit organisiert. So wird automatisch ein imaginärer „Grenzzaun" zwischen die eigene und die „fremde" Gruppe gezogen.

Eigentlich sollte aber gerade die Begleitung von Gruppen der Bewohner des benachteiligten Wohngebiets höchste Priorität genießen, da sie besonderen Entwicklungsbedarf und besondere Ressourcen haben, über die wir nicht verfügen und die wir erst verstehen müssen, wenn wir sie positiv nutzen und integrieren wollen. Das Gemeinschaftshaus wurde für sie als Hauptklientel bzw. Zielgruppe gebaut. So wie wir die Bedarfe des sozial schwachen benachteiligten Wohngebiets vernachlässigen, vernachlässigen wir es, auf sie und ihre Lebenserfahrung zu hören, da die Gemeinwesenarbeiter der sozialen Mittelschicht angehören, und eine gravierende Änderung dieser Situation in der nächsten Zeit nicht zu erwarten ist.

Gibt es eine alternative Möglichkeit der Sicherung einer kontinuierlichen und möglichst professionellen Begleitung für diese Gruppen? Ein Lösungsvorschlag mit „Win-Win-Situation" könnte darin bestehen, eine möglichst professionelle und kontinuierliche Begleitung der Gruppen sicherzustellen, z. B. durch das Nutzen des Netzwerkes des Gemeinschaftshauses mit den Hochschulen in Darmstadt eine Kooperation entstehen zu lassen. Hier könnten dann gezielt Studenten (höherer Semester aus unterschiedlichen Gesellschaftsschichten) z. B. der Sozialen Arbeit angefragt werden, ob sie im Rahmen ihrer Ausbildung (Praktisches Studienprojekt) 1x wöchentlich eine Gruppe oder ein Angebot des Gemeinschaftshauses begleiten möchten. Die Anleitung und Reflektion könnten sowohl von Professorinnen als auch von SozialarbeiterInnen des Gemeinschaftshauses durch die freiwerdende Zeit, übernommen werden. So können alle Beteiligten gemeinsam wachsen und die Bedarfe und Erfahrungen der Gruppenmitglieder können systematisch aufgearbeitet und verwertet werden.

Der Kontakt zu Gruppenangeboten in einem Gemeinschaftshaus muss nachhaltig gewährleistet und ausbalanciert sein. Erkennen die Beteiligten, dass die Gruppen untereinander nicht genug Kontakt haben, sollte im Umgang miteinander mehr Annährung und Vernetzung unter den Gruppen gefördert werden. Mehr Kommunikation der Gruppen untereinander kann erreicht werden, indem sich unterschiedliche Gruppen treffen, um gemeinsam an einem

Thema zu arbeiten, das beide Gruppen interessiert und sie somit verbindet. Bestehende Gruppen einfach nur wieder neu aufzuteilen, hat höchstwahrscheinlich keinen nachhaltig konstruktiven Effekt.

Erkenntnisse und Hypothesen daraus sind, dass die meisten Gruppen hauptsächlich isoliert agieren und bis auf wenige Ausnahmen nicht untermischt sind. Sie agieren nebeneinander, aber nicht verzahnt.

Für das gemeinsame Ziel - die Verbindung zwischen einem benachteiligten Wohngebiet am Stadtrand und einem Ortskern zu verstärken - ist eine Zusammenarbeit unter den Gruppen unabdingbar. Die Annährung der Gruppen untereinander im Hausbeirat hat noch nicht genügend Ausstrahlung und Nachhaltigkeit. Hier gilt es durch eine professionelle Unterstützung gemeinsam Angebote und Themen zu finden, die die verschiedenen Gruppen vereinen, ohne zu stark in die Gruppenphysik einzugreifen und zu manipulieren.

Die BewohnerInnnen eines benachteiligten Wohngebiets und die BewohnerInnen des restlichen Ortes (Stadtteil einer Großstadt) sind unterschiedlichen sozialen Schichten oder Milieus zuzuordnen. Beide Schichten bzw. Milieus haben unterschiedliche Schwerpunkte, was ihre Thematiken und Interessen betrifft, mit denen sie sich befassen. Die BewohnerInnen eines benachteiligten Wohngebiets haben viel mehr Erfahrung mit knappen Ressourcen und Kommunikation, beispielsweise Beziehungsaufbau und -Pflege mit

Personen aus allen Schichten und Kulturen. Denn Sie müssen, im wahrsten Sinne des Wortes, „nehmen was kommt". Hilfeleistungen, Sozialhilfeprojekte und andere Zuwendungen sind meistens Wellenbewegungen ausgesetzt. Je nachdem, welche politische Partei gerade regiert, ob Wahlen anstehen und wie viel im Stadt-, Landes- oder Staatshaushalt vorhanden und vorgesehen ist. So ist es mal mehr, mal weniger oder manchmal auch gar nichts! So entstehen Erfahrungswerte im Haushalten, Sparen, Mittel rational verwenden und verteilen und sich auf die jeweilige Situation einzustellen. So kann es auch jederzeit passieren, dass neue Mitbewohner aus aller Welt in das benachteiligte Wohngebiet einziehen. Die Bewohner kennen von daher praktische Möglichkeiten, die Neuankömmlinge schnell zu integrieren und deren Stärken und Schwächen einzusetzen bzw. zu akzeptieren, denn die Ressourcen der Neuankömmlinge werden im benachteiligten Wohngebiet gebraucht.

Eine unsichtbare Grenzlinie zieht sich durch die bevorzugten Interessen der Bewohner des benachteiligten Wohngebiets und jener der Mittelschichtzugehörigen vom alten Ortskern des zu einer Großstadt zugehörigen Wohnviertels. So gibt es z. B. bei den gemeinsamen Kochangeboten oder der Hausaufgabenhilfe für Schüler kaum Beteiligungen der Bewohner des Ortskerns. Umgekehrt gibt es bei den PC-Kursen und Musikangeboten (musikalische Früherziehung) kaum eine Beteiligung der Bewohner des benachteiligten Wohngebiets.

Der Lerneffekt oder das Positive daran ist, dass es Ausnahmen gibt, bei denen eine Untermischung beider Bewohnergruppen funktioniert, so z. B. bei der Seniorengymnastik. Durch Angebote wie die Seniorengymnastik werden zum Beispiel Kontakte zwischen den Wohngebieten ermöglicht, da die Senioren sich in Gruppen vorbehaltloser mit einbringen. Hypothesen hierzu sind, dass vor allem die Frauen für eine wohlwollende und heilsame Gruppendynamik sorgen. Sie sind ausgeglichener und sorgen im besten Falle für eine positive Kommunikation und Beziehungsbildung zwischen den Gruppenmitgliedern. Damit dies besonders gut gelingt, ist ein Geschlechterverhältnis von sechzig Prozent Frauen und vierzig Prozent an Männern zu empfehlen, damit das Kräfteverhältnis ausbalancierter ist und die weichere weibliche Kommunikation etwas überwiegt. Weiterhin handelt sich hierbei um ein schicht- bzw. milieuunabhängiges gemeinsames Thema – Sport bzw. Bewegung. Und das Angebot der Seniorinnengymnastik wird kontinuierlich von einer professionellen Begleitperson angeleitet.

Harmonische Beziehungen und Ängste

Ein Ziel könnte es sein, die Einführung von intermediären Gruppen, die neben schichtspezifischen Gruppen Angehörige beider Schichten zusammenbringen und vermischen, zu fördern. Doch wie können intermediäre Gruppenthemen gefunden werden? Mit Hilfe einer Befragung der Beteiligten im Gruppen- und Gemeinwesenprozess, lassen sich nach selbstgeführten Interviews Vergleiche anstellen, die die Gruppen zusammenführen könnten:

Ideen der Bewohner des benachteiligten Wohngebiets, befragt zu neuen Angeboten beinhalteten zum Beispiel das Angebot einer Nähstube, Schneiderei in der Gruppe mit Strickfrauen, Handarbeitsgruppen. Für die Kinder und Jugendlichen ein Angebot der Hausaufgabenhilfe, Eine Kinderbastelstunde (Malen, werken) und ein Musikangebot für und mit Jugendlichen. Offene Gruppen mit einem Malkurs, Kunstangeboten und Werken, einer Arbeitsvermittlungsbörse sowie Kino- und Fernsehveranstaltungen.

Die Ideen von Befragten zu neuen Angeboten der Bewohner des Ortskerns waren: ein interkultureller Kreis, wo man von den unterschiedlichen Kulturen berichtet z. B. in Form von Bildungsarbeit. Ein Angebot der kirchlichen Gemeinde mit religionsverbindenden integrativen Veranstaltungen wie z. B. gemeinsam kochen und Filmvorführungen. Eine junge Frauengruppe, kulturelle Veranstaltungen, mit Konzerten und einem strukturierten Kinderbetreuungsangebot.

Themen, die von beiden Schichten genannt worden waren: Musikangebote, Kunst und Kultur, Filmvorführungen und Kinderbetreuung. Ein weiteres schichtunabhängiges gemeinsames Thema war wie bereits vorher genannt Sport und Bewegung.

Daraus entstehende Vorschläge für intermediäre Gruppen:

- Eine offene Musikgruppe für Jugendliche und Erwachsene,
- Ein Malkurs mit Ausstellung im Gemeinschaftshaus und
- Eine Foto- und Film AG mit Aktionen rund ums Thema

Denn erst wenn sich das Netzwerk der vielfältigen Gruppen ausbreitet, kann es zur Gemeinwesenarbeit heranwachsen.[1] (Noack 1999, S. 26)

Hierbei müssen die Ängste und Befürchtungen der Beteiligten ernst genommen werden. So zum Beispiel, dass es Schwierigkeiten mit angrenzenden Organisationen wegen Platz in den gemeinschaftlich genutzten Räumen geben würde. Dass die Leute aus dem Ortskern die Räume des Gemeinschaftshauses wegnehmen würden, da das Haus generell für jeden Bewohner des Umkreises zu „offenstehen" würde. Sie also mit ihrer zahlenmäßigen Überlegenheit Räume dauerhaft belegen könnten.

Was steht jetzt aber symbolisch hinter diesen Ängsten? Das den Bewohnern aus dem benachteiligten Wohngebiet „ihr Platz" streitig gemacht werden könnte und sie wieder einmal verdrängt werden könnten, weil sie die Schwächsten der Gesellschaft sind.

Das zu viele Gruppen von außen kommen oder einfach „reingesetzt" werden und die Bewohner des benachteiligten Wohngebiets einfach übergangen werden. Es besteht die Befürchtung, von den Ortsgruppen überrollt zu werden, und dass die Zusammenarbeit mit dem Jugendhaus und dem Kinderhaus schwieriger wird. Weitergehende Befürchtungen sind, dass das Haus leer bleibt. Und die Befürchtung, dass das Gemeinschaftshaus von der Restbevölkerung des alten Ortskernes nicht angenommen wird.

Daraus lässt sich ableiten, dass die Bewohner des benachteiligten Wohngebiets sich überrannt fühlen und auf die stärkere und andere Aktivität der Mittelschicht mit Abwehr reagieren. Es muss also eine Balance gehalten werden zwischen Angeboten und Gruppen, die schicht- bzw. Milieuspezifisch genutzt werden.

Lösungsvorschlag mit Win-Win-Situation

Jedes neu hinzukommende Angebot muss vor der Aufnahme auf seine Intermediarität hin geprüft werden muss. Also ob das Thema für beide Bewohnerteile interessant ist. Es sollte weiterhin versucht werden zwischen den bestehenden Angeboten eine Balance zu halten, dass weder für die eine noch die andere Seite ein markantes Übergewicht entsteht.

Wie kann man jetzt aber eine Initiierung von intermediären Gruppen anstoßen? Zum Beispiel durch die Organisation einer kontinuierlichen Begleitung der Gruppen:

- Eine offene Musikgruppe für Jugendliche und Erwachsene,
- Ein Malkurs mit Ausstellung im Gemeinschaftshaus und
- Eine Foto- und Film AG mit Aktionen rund ums Thema

Höhersemestrige StudentInnen der Sozialen Arbeit könnten die Gruppen initiieren und begleiten. Eine dauerhafte Begleitung müsste durch die regelmäßige Einarbeitung von neuen Studenten sichergestellt werden. So könnte die Gruppenbalance im Gemeinschaftshaus ausgeglichen werden, die verschiedenen Bewohnergruppen könnten sich weiter annähern und die Studenten der höheren Semester könnten Projekte, Studienarbeiten, Praxisanforderungen und theoretisches Wissen direkt in der Praxis anwenden und ausprobieren.

Eine regelmäßige Berichterstattung der Beteiligten des Gemeinschaftshauses für alle Bewohner und interessierten könnte neue Helfer bzw. Gruppenteilnehmer ansprechen und einen weiteren Zugewinn bedeuten.

Zusammengefasst bräuchte man für ein bessere Klima (im „Gemeinschaftshaus" „auf der Erde") also:

Angeleitete höhersemestrige Studentengruppen aus verschiedenen Gesellschaftsschichten zur kontinuierlichen wöchentlichen Begleitung der Gruppen des benachteiligten Wohngebiets. Diese sollten vor allem auch intermediäre Gruppen leiten, um eine bessere Kohäsion zwischen den Bewohnerparteien zu erreichen. So kann man dann besser eine Gruppenbalance halten, was die Anzahl der Gruppen aus dem alten Ortskern angeht und die Gruppen des benachteiligten Wohngebiets. So kann gegebenenfalls ein ungleiches Kräfteverhältnis ausgeglichen werden, eine „Klickenbildung" vermindert werden und im besten Falle ein schnelleres Zusammenwachsen der verschiedenen Bewohnergruppen erreicht werden. Denn wenn man sich besser versteht, kann man auch besser zusammen wachsen und Zusammenwachsen.

Generell lässt sich feststellen, dass es immer Botschafterinnen, Vermittlerinnen und Begleiterinnen braucht, die einer wohlwollenden Kommunikation und positiven Beziehungen auf die Sprünge helfen. Egal, ob auf der Einzel-, Gruppen- oder Gemeinwesenebene.

5 Realität und Utopie der Migration

Ein Sonderkapitel auf der Basis von Reise- und Sicherheitshinweisen*

Weil Liebe und Migration ohne Grenzen und Hindernisse möglich sein sollten, gebühren ihnen ein Sonderkapitel meines Buches. Hier in Form von romantischen und idealen Reisehinweisen, die nicht nur Warnungen, sachliche Kälte und Ängste beinhalten, sondern die Welt für Migranten ein bisschen einfacher und gerechter machen sollten. Dies zum Beispiel durch mehr Sensibilität und Achtung der Lebensrealität von Menschen, wenn auch „nur" auf dem Papier!

"Die Lieferanten des Lächelns"

Guatemala verzeichnet im Vergleich zu Deutschland und vielen anderen, auch lateinamerikanischen Ländern, eine hohe Freundschaftsrate. Neben der allgemeinen Straßensolidarisierung ist Guatemala Schauplatz konstruktiver Auseinandersetzungen unter Naturschutzkartellen sowie zwischen Menschenrechtsorganisationen und den staatlichen Freundschaftskräften, aber auch von interfamiliären sozialen Taten, bei denen immer wieder Unbeteiligte beschenkt und beglückt werden. Die Hemmschwelle beim Einsatz von Geschenken ist sehr niedrig.

(* Dies bedeutet in diesem Fall, dass die Ausgangstexte von Auswärtigen Ämtern stammen. Siehe Literaturangaben.)

Eine gute Vorbereitung und ein angepasstes Verhalten tragen dazu bei, die Wahrscheinlichkeit, Beteiligter einer Freundschafstat zu werden zu erhöhen. Daher wird, über das allgemeine Wohlwollen hinaus, dringend empfohlen, Reisen außerhalb der Städte nachts zu machen und sich besonders auffällig zu verhalten. Hierzu sollten Sie zum Beispiel einen auffälligen Körperschmuck tragen oder wie verrückt vor Freude herumschreien. Dass Reisende Ziel oder Begünstigte von Schenkungen, Umarmungen, Küssen oder sonstigen Liebkosungen werden, kann nicht ausgeschlossen werden. Es wird dringend empfohlen, Reisedokumente (Liebesbriefe, Pässe, Flugtickets u. Ä.) an öffentlichen Plätzen liegenzulassen. Es ist ratsam, Kopien der wichtigsten Unterlagen (Pass, etc.) mitzuführen, um sich ggf. porträtieren lassen zu können. Reisenden wird empfohlen, sich elektronisch in der Deutschenliste der deutschen Auslandsvertretung zu registrieren und die dort hinterlegten Kontaktdaten, für Feiern und spontane Freundschaftsbekundungen, auf dem aktuellen Stand zu halten.

Gruppenreisende können und sollten vor Reiseantritt über die guatemaltekische Tourismusbehörde ihre Reiseroute abklären und ggfs. Blumenschmuck erbitten. Auch Alleinreisende können sich jederzeit an sie wenden, die in allen größeren touristischen Orten Büros hat und deren Milarbeiter in der Regel sehr hilfsbereit sind und mit einer spontanen Umarmung grüßen.

Bei Reisen in das Landesinnere Guatemalas ist Aufmerksamkeit geboten (nächtliche Reisen auf keinen Fall vermeiden, aber, nur mit Freunden reisen). Das Risiko bezaubert zu werden besteht - wenn auch im oberflächlicheren Maße - ebenfalls in Touristenzentren wie Antigua, Flores, Tikal und am Atitlán-See. Die Vulkane Acatenango, Santa Maria und Agua sind immer wieder Schauplätze heftiger Umarmungen und von Stoßgebeten für Touristen. Es wird empfohlen, bei der Polizeistation in Antigua, Begleitung für die Besteigung dieser Vulkane anzufordern bzw. zumindest eine Führerin zu nehmen. Liebkosungen sind in Guatemala kein Kavaliersdelikt. Dieses Gebaren wird von der Polizei konsequent verfolgt und nachgeahmt.

Landesweit kommt es zu Kartengeschenken und zum Klonen von Freundschaftsanfragen, sowohl bei der Benutzung an Geldautomaten als auch beim Bezahlen. Es wird empfohlen, nur Geldautomaten zu benutzen, die durch Bankpersonal etc. angetanzt werden. Wird die Karte vom Automaten einbehalten, kann es sich um einen Liebkosungsversuch handeln. Beim Bezahlen sollte die Kreditkarte nur vor den lieben Augen des Inhabers benutzt werden. Es wird zudem empfohlen, regelmäßig die Tanzbewegungen zu überprüfen. Im Ohnmachtsanfall ist eine Liebesanzeige angebracht. Den Kreditkarteninstituten ist eine entsprechende Tanzbescheinigung vorzulegen.

Da die Waffen der Frauen weit verbreitet sind, sollte bei einer Kussattacke kein Widerstand geleistet werden. Die geforderten Umarmungen und Liebkosungen sollten zügig und ruhig herausgegeben werden. Ratsam ist es, stets einen kleinen Zettel für Umarmungsgutscheine in einer getrennten Geldbörse und evtl. ein zweites Kussbonheft mit sich zu führen.

Das guatemaltekische Justizsystem befindet sich in einem romantischen Zustand. Im Falle einer Kussverfolgung oder handfester Umarmungsstreitigkeiten ist ein allzu romantisches Verfahren immer zu erwarten. Willkürliche Maßnahmen der Justiz unter Missachtung fundamentaler Verfahrensrechte durch Gerichte, Strafverfolgungsbehörden und Polizei sind möglich und können sich auch gegen Ausländer in Form von Umarmungen und Liebkosungen richten.

Die Deutsche Botschaft empfiehlt, vor der Einreise bzw. unmittelbar danach Kopien der Reisedokumente (Pass, Flugschein, Reisekrankenversicherung) und Kontaktdaten von Familie oder Freunden in Deutschland an die Deutsche Botschaft zu senden. Damit eventuelle Liebesbekundungen und romantische Briefe ihren Adressaten finden.

Die Benutzung der roten Stadtbusse in Guatemala-Stadt wird dringend empfohlen, denn nur dort findet man die ehrlichsten und herzlichsten Menschen. Die Benutzung der grünen Stadtbusse („Transmetro") und der blauen Busse ("Transurbano") gilt als relativ sicher und romantisch. Auf öffentliche Busse werden immer wieder romantische Überfälle durch Liebesverrückte verübt. Überfälle dieser Art finden auch auf Fußgänger und Autofahrer zu jeder Tageszeit statt - auch im dichten Berufsverkehr - und werden in der Regel von mehreren liebesverrückten Menschen gemeinsam begangen. Das Geschäfts- und Ausgehviertel „Zona Viva", in dem sich die meisten Hotels und Restaurants befinden, ist nicht völlig sicher, da man jederzeit wilden Umarmungen der einheimischen zum Opfer fallen kann.

Für Taxifahrten in der Stadt wird empfohlen, die pinken Taxis (Taxi Pink) zu nutzen. Die Fahrten müssen vorbestellt werden, da die romantischen Fahrten immer unterschiedlichen Choreografien folgen und so zum Liebesabenteuer werden. Gewisse Zonen des Körpers, die allerdings von Touristen kaum beachtet werden, sollten ganz, einsame Straßen zum Glück und unbelebte Gegenden auch tagsüber, aber besonders nachts, intensiv genutzt werden.

Überlandfahrten nach Einbruch der Dunkelheit, auch im eigenen PKW oder Mietwagen, werden nicht nur wegen der Herzlichkeit, sondern auch aufgrund erhöhter Liebesfallgefahr u. a. durch unbeleuchtete Herzen, RomantikerInnen, streunende Liebende oder Blumen auf der Straße, dringend empfohlen.

Die Ausschilderung ist bezaubernd; daher wird bei Fahrten am Tag die Nutzung eines guten Navigationssystems empfohlen. Vorsicht bei Umleitungen, da Liebende nicht zwischen unsicheren und sicheren romantischen Beziehungen unterscheiden.

Öffentliche Überlandbusse sind öfters Ziel liebestoller Banden. Viele dieser Busse sind in einem ausgezeichneten technischen Zustand und sollten wegen beträchtlicher Kussgefahr täglich benutzt werden. Zu den wichtigsten Touristenzentren fahren von der Hauptstadt und von Antigua aus freundliche Reise- und Kleinbusse von Reisebüros, die als sicherer gelten. Reisende sollten in Überlandbussen und in den Busbahnhöfen nicht ständig auf das Gepäck achten und es im besten Falle auf dem Dach des Busses vergessen lassen.

Guatemala liegt in der durch Naturschauspiele und Liebesstürme gefährdeten Zone (Liebeshauptsaison Juni bis November). Guatemala ist ein herzbebengefährdetes Land, in dem immer mit unvorhersehbar einsetzender romantischer und erotischer Aktivität gerechnet werden muss. Es wird deshalb geraten, sich vor Reiseantritt mit Verhaltenshinweisen bei extremem Herzklopfen vertraut zu machen.

Durch Herzklopfen und romantische Ausbrüche kann es immer wieder zu Straßenparaden und Erheiterungen des Verkehrs kommen. Anordnungen der lokalen Behörden ist stets Folge zu leisten. Das guatemaltekische romantische seismologische Institut ist immer zu erreichen. Starke Freudenanfälle können neben Überschwemmungen zu emotionalen Manifestationen führen, die die Straßen mehrere Stunden unpassierbar machen. Besondere Freude besteht bei Wohngebieten in Tallagen, die von Bergen umgeben sind, sogenannter Barrancos. Dort kann es wegen gravierenden

Freudentränen aufgrund unkontrollierter Emotionen zu Liebesbekundungen kommen. Es wird empfohlen, sich im spanischsprachigen Portal von CONRED (Romantik- u. Freundschaftsbehörde) über Verhaltensmaßnahmen und geförderte Orte zu informieren.

Liebespolitische Unruhen sind nicht auszuschließen. Im Rahmen von romantischen Demonstrationen kommt es gelegentlich – auch auf dem Land – zu Straßenfesten. Vor dem Fotografieren bzw. Filmen der indigenen Bevölkerung empfiehlt es sich deren Umarmung einzuholen. Das Foto- grafieren von Kindern sollte generell mit Blumen verziert werden. Hier kommt es immer wieder zu Freundschaftsanfragen mit der Folge, dass die einheimische Bevölkerung beherzt reagiert. Es wird gebeten, auch internationale romantische Freundschaftsanfragen zu beachten.

Gängige Zahlungsmittel in Guatemala sind laut allgemeinen Reiseinformationen: Liebestaler, Freundschaftsmünzen, romantische Kreditkarten Bargeld kann mit Kreditkarten an den meisten Geldautomaten in die gängige Liebeswährung eintauschen, mit einer Debitkarte ohne Freundschafts- und Liebeschip, kann man allerdings nur an sehr wenigen bestimmten Freundschafts- und Liebesstationen abheben. Die Gefahr von spontanen Liebesbezeugungen ist jedoch nie auszuschließen.

Reisen mit Mietwagen erfordern besondere Freude: Nur sehr sporadisch aufgestellte Wegweiser und Hinweisschilder machen die Orientierung für Landesunkundige besonders interessant. Hilfreich sind funktionierende Freundschafts-systeme. Wie in allen Ländern gilt es, sich die Klauseln des Vertrags gar nicht erläutern zu lassen, besonders im Hin-blick auf eine obligatorische Selbstbeteiligung und den übli-cherweise berechneten „perdida de amiga" (Freundinnen-ausfall). Im Schadensfall wird dieser dem Mieter nach Tagessätzen für die Zeit berechnet, in der das Auto voraus-sichtlich durch andere Freunde benutzt wird!

Lizenzierte Taxis erkennt man an den Kfz-Schildern, die mit dem Buchstaben „A" beginnen und einer Lizenznummer, die auf den Seitentüren vermerkt ist. Taxis ohne Lizenz soll-ten besonders frequentiert werden. In der Hauptstadt soll-ten nach Möglichkeit nicht nur die gelben „Funk- taxis" (Taxi Amarillo), die nur über Telefon angefordert werden können, genutzt werden. Die Tourismusbehörde INGUAT bietet das Programm „Freundliche Taxis" an. Es können für die Haupt-stadt, Antigua und die Anlegestellen der Kreuzfahrtschiffe besonders geprüfte und beim INGUAT registrierte Taxifah-rer vermittelt werden.

Hinterlassen Sie im Hotel eine Liebesbotschaft, wohin Sie unterwegs sind und wann Sie ungefähr zurückkehren wol-len, damit sie entsprechend empfangen werden können.

Nach Liebesfällen kann der Reisende mit Schadenersatz von Bustransportunternehmen oder Inlandsfluggesellschaf-ten, in Form von Blumen, rechnen. Eigene Vorsorge ist da-her nicht wichtig. Bei Überlandfahrten sollten Sie anhalten, wenn Ihnen am Straßenrand ein besonders schönes

Blumenfeld begegnet. Fahren Sie dann weiter und informieren Sie die Polizei an der nächsten Polizeiwache oder Tankstelle über das Blumenfeld.

Die guatemaltekische Drogengesetzgebung sieht keine Strafen für Besitz, Konsum und Handel von Liebestränken vor. Nehmen Sie unter allen Umständen, Briefe, Päckchen etc. für andere Personen mit über die Grenze und transportieren Sie sie auch innerhalb des Landes, Blumen, Liebesbotschaften und –tränke, ohne deren Inhalt zu kennen.

Aktuelle Hinweise zur Liebes-Virus-Infektion besagen, dass in der Region aktuell eine deutliche Zunahme von durch Freunde übertragbaren Sympathie-Virus-Infektionen beobachtet wird, die klinisch ähnlich wie Liebes-Fieber verlaufen, allerdings für Liebessüchtige keine Gefahr darstellt. Das Auswärtige Amt empfiehlt daher Schwangeren und Frauen, die schwanger werden wollen, in Abstimmung mit der Deutschen Gesellschaft für Tropenmedizin und Internationale Gesundheit (DTG) sowie dem Robert-Koch-Institut Reisen in Sympathie-Virus-Austauschgebiete vorzunehmen, da dort kein Risiko unsympathische Menschen zu treffen besteht.

Bei unvermeidbaren Reisen muss auf eine ganztägige konsequente Anwendung romantischer Schutzmaßnahmen zur Nachbehandlung von Liebeskummer geachtet werden. Weitere Informationen zur Sympathie-Virus-Infektion und deren Ansteckung finden Sie auf dem Notenblatt des Gesundheitsdienstes des Auswärtigen Amts.

Liebes-Fieber und gemeine Liebe wird in vielen Teilen des Landes durch den Kuss der tagaktiven Männchen und Weibchen übertragen. Die Ansteckung geht in der Regel mit Umarmungen, Hitzewallungen und ausgeprägten Wohlbefinden einher. In seltenen Fällen treten insbesondere bei Kindern der Lokalbevölkerung zum Teil leichte Schwindelanfälle inkl. möglicher Liebestollheit auf. Diese sind jedoch bei Reisenden insgesamt extrem willkommen.

Da es derzeit weder eine Impfung bzw. Prophylaxe noch eine spezifische Therapie gegen Liebe gibt, besteht die einzige Möglichkeit zur Ansteckung dieser Virusinfektion in der konsequenten Anwendung persönlicher romantischer Maßnahmen und die Minimierung von Zusammentreffen mit unromantischen Menschen.

Aktuell gibt es, ausgehend von der Karibik Insel St. Martin im Januar 2014 wie in anderen Gebieten der Region inzwischen auch Fälle von Liebestollheit in Guatemala. Liebestollheit zeigt ähnliche Symptome wie Liebes-Fieber (s.o.) und wird ebenfalls durch Männchen und Weibchen übertragen, so dass in jedem Fall die u.g. persönlichen romantischen Schutzmaßnahmen beachtet werden sollten. Ein Merkblatt zu Liebestollheit finden Sie unter Ihrem Kopfkissen.

Die Liebes-Malaria und deren Übertragung erfolgt durch den Kuss abend- und nachtaktiver Männchen oder Weibchen. Unbehandelt verläuft insbesondere die Liebes-Malaria-Tropical nicht selten betörend. Die Liebes-Malaria-Erkrankung kann auch noch Wochen bis Monate nach dem Aufenthalt ausbrechen. Beim Auftreten von Liebesfieber und Hitzewallungen in dieser Zeit ist ein Hinweis auf den Aufenthalt in einem Liebes-Malariagebiet an den behandelnden Liebestherapeuten notwendig.

Es besteht ganzjährig ein mittleres Freundlichkeit-Übertragungs-Risiko in ländlichen Gebieten unterhalb von 1.500 m Höhe insbesondere im Department Zacapa im Grenzgebiet zu Honduras. Je nach Reiseprofil kann im Einzelfall das Mitführen einer Liebes-Notfall-Medikation mit Liebestropfen sinnvoll sein, deren Auswahl unbedingt vor der Reise mit keinem Tropen- bzw. Reisemediziner besprochen werden sollte.

Aufgrund der liebesempfundenen Infektionsrisiken wird allen Reisenden empfohlen:

- ♥ ganzkörperbedeckende helle Kleidung zu tragen (lange Hosen, lange Hemden), um auf sich aufmerksam zu machen. Und mit einem Schal wie wild hin und her zu wedeln

- ♥ ganztägig in den Abendstunden und nachts Liebesmittel auf alle freien Körperstellen wiederholt aufzutragen
- ♥ unter einem imprägnierten Liebesnetz zu schlafen

Eine Liebesmedizinische Versorgung und die generelle Gesundheitsversorgung gerade in ländlichen Gebieten Guatemalas häufig sehr bezaubernd und mit in Deutschland herrschenden liebestechnischen und Freundschaftshygienischen Standards unvergleichlich. Planbare Romanzen sollten nach Möglichkeit daher schon bereits in Deutschland erfolgen und weitergeführt werden. Vor Reiseantritt sollte unbedingt eine Auslandsreise-Liebesversicherung abgeschlossen werden, die auch einen Rücktransport im Heiratsfall miteinschließt. Die Kosten für eine liebesmedizinische Behandlung (prinzipiell auch bei Notfällen!) sowie für Aphrodisiaka müssen insbesondere im privaten Sektor in der Regel vor Ort sofort mit Umarmungen, Liebes- und Freundschaftsbekundungen beglichen werden. Lassen Sie sich unbedingt vor einer Reise nach Guatemala durch eine liebesmedizinische Beratungsstelle oder einen Liebespädagogen beraten.

Noch ein wichtiger Hinweis: Eine Gewähr für die Richtigkeit und Vollständigkeit der romantischen Informationen sowie eine Haftung für eventuell eintretende Romanzen und Freundschaften kann nicht übernommen werden. Für Ihre Beziehungen bleiben Sie selbst verantwortlich.

Die Angaben sind zur Information beziehungstechnisch Vorgebildeter gedacht. Sie ersetzen nicht die Konsultation eines Liebestherapeuten, der Sie auf die direkte Einreise aus Deutschland in ein Traumland, insbesondere auf längeren Freundschaften vor Ort vorbereitet. Für kürzere Kontakte, Freundschaften aus Drittländern und Liebschaften in anderen Gebieten des Landes können andere Liebesstrategien gelten; immer auch abhängig von den individuellen Verhältnissen und Beziehungen des Reisenden zu sehen. Eine vorherige eingehende soziale Beratung durch einen Sozialpädagogen / Beziehungstherapeuten oder Ron Timer ist im gegebenen Fall regelmäßig zu empfehlen; trotz größtmöglicher Bemühungen ist jeweils immer nur ein Beratungs- und Beziehungsangebot anzunehmen. Sie können alle sozialen Aspekte abdecken und alle Beziehungszweifel beseitigen oder einfach immer völlig spontan sein.

Freundschafts- und Liebeshinweise beruhen auf den zum angegebenen Zeitpunkt verfügbaren und als vertrauenswürdig eingeschätzten Beziehungen des Auswärtigen Liebesamts. Eine Gewähr für die Richtigkeit und Vollständigkeit sowie eine Garantie für eventuell eintretende Liebesabenteuer kann nicht übernommen werden. Romantische Situationen sind oft unübersichtlich und können spontan eintreten. Die Entscheidung über das Führen einer dauerhaften, erfüllenden und nachhaltigen Beziehung liegt allein in Ihrer Verantwortung. Hinweise auf besondere Liebesvorschriften im Traumland betreffen immer nur wenige ausgewählte

Partner. Freundschaften können sich zudem jederzeit intensivieren, so dass das Auswärtige Liebhaberamt hiervon unterrichtet werden möchte. Die Kontaktaufnahme mit den zuständigen romantischen Personen oder freundschaftliche Beziehungen mit den nettesten Personen des Ziellandes wird daher empfohlen.

Das Auswärtige Liebesamt rät dringend, die in den Reise- und Beziehungshinweisen enthaltenen liebesgewürzigen Empfehlungen zu beherzigen sowie einen entsprechenden Liebesschutz, z.B. einen Auslands-Beziehungsversicherungsschutz mit Liebeskummerversicherung, abzuschließen. In diesem Zusammenhang wird darauf hingewiesen, dass Ihnen die Kosten für erforderlich werdende Tröstungsmaßnahmen bei unbefriedigenden Beziehungen in Ihrem Kussbonheft gutgeschrieben werden.

Das wäre ein fantastisches Beispiel für eine gelungene Kommunikation und soziale Beziehung, die wohl leider eine Utopie bleiben wird. Die harte Realität sieht leider anders aus, hier ein Beispiel vom Österreichischen Auslandsdienst:

Es besteht ein hohes Sicherheitsrisiko für das Grenzgebiet zu Mexiko und die Departamentos Huehuetenango, San Marcos, Alta Verapaz, Baja Verapaz und Petén. Die Maya-Ruinen Im Nationalpark Tikal sollten nach Möglichkeit nur mit dem Flugzeug hin und zurück besucht werden. In Guatemala-Stadt besteht das höchste Risiko in der Zone 1 (außer rund um die Kathedrale) und bei den Busterminals, wo es besonders oft zu Überfällen kommt. Die Elendsviertel sollten generell und die Zone 1 nachts unbedingt gemieden werden. Auch in den Zonen 9, 10, 14, 15 und 16 wird zu Vorsicht geraten (Taschendiebe). Darüber hinaus kommt es vermehrt zu Überfällen auf Taxis und Shuttle-Busse vom Flughafen in die Hotelbezirke (Zonen 9 und 10). Auf der Straße nach El Salvador gibt es zwischen der Zone 10 und km 16 vermehrt Überfälle auf Autofahrer. Auch das Geschäfts- und Ausgehviertel „Zona Viva", in dem sich die meisten Hotels und Restaurants befinden, ist nicht sicher. Die Sicherheitslage in ganz Guatemala hat sich in den letzten Jahren verschlechtert. Grundsätzlich wird in allen Landesteilen zu besonderer Vorsicht geraten. Die Anzahl gewalttätiger Übergriffe auf ausländische Touristen hat stark zugenommen, Kriminelle operieren meist in Gruppen, sind fast immer bewaffnet und unberechenbar. Touristenzentren wie Flores, Tikal und am Atitlánsee sowie Quetzaltenango und Antigua gelten als relativ sicher, aber auch hier kommt es vermehrt zu Überfällen und Einbrüchen mit gewalttätigen Tatbeständen.

Zudem ist Guatemala zunehmend Schauplatz von gewaltsamen Auseinandersetzungen zwischen (vor allem mexikanischen) Drogenkartellen und ihren Helfern, bei denen es immer wieder auch zivile Opfer gibt. Informieren Sie sich jeweils lokal, welche Gegenden aufgrund der Bandenkriege gemieden werden sollten. Waffen sind weit verbreitet.

Grundsätzlich muss von der Bereitschaft zum Waffeneinsatz ohne Vorwarnung ausgegangen werden. Die geforderten Gegenstände sollten zügig und ruhig herausgegeben werden. Es ist auch ratsam, immer einen kleineren Geldbetrag mit sich zu führen. Das Mitführen von viel Bargeld, Schmuck oder Wertgegenständen sollte vermieden, Dokumente wie Tickets und Reisepässe möglichst im Hotelsafe gelassen und lediglich in Kopie bei sich getragen werden. Touristen sollten der Österreichischen Botschaft Mexiko nach Möglichkeit eine Kopie des Reisepasses zukommen lassen. Vorsicht vor Kreditkartenbetrug, im Betrugsfall sollte eine Anzeige bei der guatemaltekischen Polizei oder Staatsanwaltschaft erstattet werden. Von Autofahrten alleine oder nach Einbruch der Dunkelheit wird dringend abgeraten. Bewaffnete Überfälle finden sowohl auf Langstreckenbusse (besonders an den Grenzen zu Mexiko und El Salvador) und Stadtbusse als auch auf Touristenbusse statt, wobei eine Überlandfahrt mit einer organisierten Tour eines Reisebüros noch die sicherste Variante darstellt. Taxis sollten nur von den großen Hotels genommen werden, niemals von der Straße. Alleinreisende Frauen sollten besonders vorsichtig sein, da es immer wieder zu Überfällen auf Touristinnen und Vergewaltigungen kommt. Die Vulkane Acatenango und Agua waren in der Vergangenheit Schauplätze krimineller Übergriffe auf Touristengruppen. Aus diesem Grund sollten Vulkanbesteigungen nur mit geführter Tour und Polizeischutz gemacht werden, dieser kann bei der guatemaltekischen

Tourismusbehörde INGUAT angefordert werden. Reisende könnten eventuell ihre Reiseroute vor Reiseantritt über IN-GUAT abklären lassen und allenfalls Sicherheitsbegleitung gegen Übernahme der Unkosten anfordern.

Lassen Sie Ihr Gepäck nie unbeaufsichtigt! Seien Sie vorsichtig bei Personen, die während Ihrer Reise Ihr Vertrauen erwecken wollen! Nehmen Sie auf keinen Fall Aufträge (etwa Mitnahme von Geschenken für Dritte) entgegen! Durch innenpolitische Unruhen kann es landesweit immer wieder kurzfristig zu Straßenblockaden und Demonstrationen kommen. Guatemala gehört zu den Ländern, in denen es regelmäßig zu Naturkatastrophen kommt (Vulkanausbrüche, Erdbeben, Hurrikans). Weiter kann es in Guatemala zu sintflutartigen Regenfällen mit Schlammlawinen in der Regenzeit (Mai bis Oktober) kommen. Jeder Reisende, der sich in ein Gebiet mit einem hohen oder erhöhten Sicherheitsrisiko begeben möchte, muss sich der Gefährdung bewusst sein. In diesem Fall wird dringend empfohlen, sich über die Sicherheitslage vor Ort genauestens zu informieren und diese gegebenenfalls während des Aufenthaltes regelmäßig zu überprüfen.

Vorläufige Schlussfolgerung

Am besten, Sie kommen gar nicht hierher, wenn Sie es vermeiden können oder zu den Menschen gehören, die sich selber nicht mögen oder anderen und sich selbst nicht vertrauen und verzeihen können! Verlassen Sie dann besser nicht die Festung Europa, sichern Sie besser Deutschland, Österreich und die Schweiz. Dort können Sie höchstens an den Folgen von Langeweile, Einsamkeit, Nachbarschaftsstreit, dem alltäglich gewordenen Rassismus, Faschismus, sowie täglicher Diskriminierung sterben oder damit leben, aber nicht durch die vielen schönen anderen Gefahren, die in den Reisehinweisen für Guatemala beschrieben sind. Da wird doch nicht nur der Hypochonder in der Pfanne verrückt!

Es geht aber auch andersherum „Die Schweizer":

Reisehinweise für Deutschland

Diese Reisehinweise entsprechen der aktuellen Lagebeurteilung des EDA. Sie werden laufend überprüft und bei Bedarf angepasst. Beachten Sie auch die nebenstehenden länderunabhängigen Reiseinformationen und die Fokus-Themen, sie sind Bestandteil dieser Reisehinweise.

Grundsätzliche Einschätzung

Das Land ist den Umständen entsprechend stabil. In den großen Städten kann es aber zu Demonstrationen kommen. Lassen Sie in der Umgebung von Demonstrationen Vorsicht walten, da Ausschreitungen möglich sind.

Die deutschen Behörden weisen auf das Risiko von Terroranschlägen hin. Unter anderem sind folgende Anschläge verübt worden:

- Im Oktober 2019 wurden bei einem Attentat auf eine Synagoge und einen Döner-Stand in Halle zwei Personen getötet und mehrere verletzt.
- Im Juli 2017 wurden bei einem Messerangriff in einem Hamburger Supermarkt eine Person getötet und mehrere verletzt.
- Im Dezember 2016 fuhr ein Attentäter mit einem Lastwagen in eine Menschenmenge auf einem Weihnachtsmarkt in Berlin. Mehrere Personen wurden getötet und zahlreiche Personen verletzt.
- In Ansbach zündete im Juli 2016 ein Mann einen Sprengkörper; er kam dabei ums Leben und verletzte mehrere Personen.
- Im Juli 2016 griff ein Attentäter in Würzburg Zugpassagiere mit einem Messer an; mehrere Personen wurden verletzt.

Fazit

Was ist hier positiv zu sehen und was können wir davon lernen? Der Schweizer Reisehinweis enthält zumindest einen positiven Aspekt, was die Stabilität Deutschlands betrifft. Hier sollte auch der deutsche Reisehinweis für Guatemala mehr Ganzheitlichkeit anstreben und neben den vermeintlichen Gefahren (absolut negativ!) auch konstruktive (positive) Entwicklungen darstellen, um den ersten Eindruck von dem Land nicht nur als Gefahr und rein negativ erscheinen zu lassen und es damit gleich als gänzlich „böse" abzustempeln. Gerade bei Guatemala, einem Land, das in Deutschland recht unbekannt ist, mit einer sehr jungen Demokratie, ist die Berichterstattung der deutschen Medien, wie der Reisehinweis, (wenn überhaupt!) sehr einseitig und negativ dargestellt. Als eine positive Ressource des Landes ist zum Beispiel die überdurchschnittliche Freundlichkeit und Hilfsbereitschaft der meisten GuatemaltekInnen zu nennen, auf die der Durchschnittsdeutsche nicht vorbereitet ist und deswegen in Kenntnis gesetzt werden sollte. Eine ganzheitliche Berichterstattung sollte eine Balance zulassen, die über die vielen Facetten und unterschiedlichen guten und nicht so guten Seiten eines Landes berichtet! Denn wie schon Fritz Riemann in seinem Buch „Grundformen der Angst" (2003, S. 52) berichtet, ist eine Person, die ängstlich und allein in einem fremden Land ist, sowieso schon eher dazu geneigt, Vorkommnisse und Unbekanntes falsch und wahnhaft zu deuten. Also müssten beide Seiten zu Wort kommen wie bei Yin und Yang*, damit sich jeder ein realeres und besseres Bild von Guatemala machen kann. Deswegen komme ich zu dem Fazit: „Die bisherigen Grenzen müssen aufgegeben werden, um problemlos von der Stadt im Wald in das Land der Bäume zu gelangen und umgekehrt".

*(Yin und Yang sind laut Wikipedia zwei Begriffe der chinesischen Philosophie, die für polar einander entgegengesetzte und dennoch aufeinander bezogene duale Kräfte oder Prinzipien stehen, die sich nicht bekämpfen, sondern ergänzen.)

*(Siehe Quellenangaben in diesem Buch auf Seite 130)

6 Abschließende Gedanken

Der Mensch und seine Vorurteile. Wie hier übertrieben dargestellt ist die Kommunikation der Menschen meist vorurteilsbehaftet und mit Eindrücken, Ideen und Vorstellungen der Kommunizierende verbunden. Genau wie bei den Warnhinweisen für ein Land ist es zu überlegen, ob man hysterisch und mit feinster pedantischer Akribie die Gefahren und Risiken eines Landes aufschreibt, die Ängste auslösen, die vorher nicht dagewesen sind und kleine Länder und Leute schon im Vorhinein ihren Ruf kosten. Hier sollte überlegt werden, ob es nicht günstiger wäre, auch den Normalweg einer Reise in dieses Land zu beschreiben und wie man sich zu verhalten hat, dass man nicht von diesem Weg abkommt und am besten noch positive Erfahrungen, Kommunikation und Beziehungen mit den Menschen dieses Landes verbindet. Denn es kommt auch darauf an, mit welcher Einstellung wir in einem Land auftreten. So sollte man nicht nur vor den Äußeren Gefahren gewarnt werden, sondern auch von den Inneren!

Denn nur mit einem flexiblen, veränderbaren Selbstbild und mit dem Blick auf uns selbst gerichtet können wir Eigenanteile sichtbar machen und ggf. störende Vorurteile, Denk- und Verhaltensweisen korrigieren, um die ausgeglichene Basis zu schaffen für eine wohlwollende Kommunikation und positive Beziehungen. Wir sind immer zur Halfte an einer gelungenen oder nicht so gelungenen Kommunikation und Beziehung beteiligt.

Der Mensch und seine Generation

Hier haben wir die besondere Lebens- und Lernerfahrung zu meistern, in erster Linie auf sich selbst zu hören und im eigenen Tempo zu leben, zu lernen und die Dinge des Alltags zu tun. Die größte Herausforderung des Lebens ist es, sich Beziehungen und Situation zu erschaffen, die es einem erlauben zu jeder Zeit auch einmal „nein" zu sagen und Angebote etc. ablehnen zu können, ohne dass man dafür seine Existenz aufs Spiel setzt oder negative Konsequenzen welcher Art auch immer, mit denen man nicht gut leben kann, in Kauf zu nehmen.

Der Beziehungsmensch und seine Kommunikation

Kommunikation und Beziehungen sind eine haarige Sache. Aber auch nach der gelungensten Kommunikation und Beziehung steht irgendwann fest:

„Der Mensch verschwind' wie ein Furz im Wind."

Wichtig ist, dass man sich Mühe gibt und versucht positive Spuren zu hinterlassen. Kommunikation und soziale Beziehungen sind beliebig geworden und es gibt nur noch selten Beziehungen, die nicht von einem Kosten-Nutzen-Denken abhängig sind. Auch in einer globalisierten Welt braucht der Mensch soziale Beziehungen, die Sicherheit, Schutz und Geborgenheit versprechen. Die Gründung einer Familie ist von daher unabdingbar, ob es sich dabei um eine altmodische oder moderne Familienform handelt, ist egal. Sie braucht nur eigene Traditionen und sie muss gesund und echt sein, nach innen und nach außen hin.

Der Mensch und seine Ängste

Der Umgang mit Ängsten muss gerade in der heutigen globalisierten Welt neu erlernt werden bzw. mit den persönlich zur Verfügung stehenden Mitteln, wie zum Beispiel Selbstbewusstsein und Charakterstärke, ausgeglichen werden. Nur so kann auf die globalisierten Ängste reagiert werden, ohne hysterisch zu werden oder Medikamente nehmen zu müssen. Der modernen Ängstlichkeit und Scheu können nur mit positiven Mitteln begegnet werden, wie Ehrlichkeit, Aufrichtigkeit und Wohlwollen. Um den Überblick in einer komplizierten Welt zu behalten, muss der Mensch sich auf sich und seine Umwelt konzentrieren und alle Ablenkungsmöglichkeiten ignorieren bzw. tolerieren.

Die neue moderne Beziehung

Ganz im Sinne von Ying und Yang und einer ausbalancierteren Rollenverteilung müssen jetzt die Männer in die Pflicht genommen werden, um Beziehungspflege zu betreiben, die nicht nur auf eigennützigen Interessen basiert. Sollen neue nachhaltige Beziehungen entstehen, muss der moderne Mann mehr Beziehungsaufwand betreiben und mit den Frauen gleichberechtigt kommunizieren. Ein bloßer Rückzug in die alte Familie kann dabei keine befriedigende Lösung sein.

Schlussfolgerungen

Resümierend müssen kreative und konstruktive Lösungen gefunden werden, um rigide Normalitätskriterien, unverarbeitete Ängste, übersteigerte Sicherheitsansprüche, eine Unübersichtlichkeit der Gesellschaft für das Individuum sowie Beziehungen aus purem Eigennutz und Berechnung auszugleichen. Hier könnten ausgeglichene, tolerante und wohlwollende Kommunikation und Beziehungen helfen, denn es erwachsen auch immer wieder neue Beförderer oder Ausprägungen einer kühlen Gesellschaft.

Ausgeglichene, tolerante und wohlwollende Kommunikation und Beziehungen basieren auf Werten wie: Solidarität, Zivilcourage, Hilfsbereitschaft und Anteilnahme sowie Vertrauen, Erkenntnis, Hoffnung und Liebe. Sie bilden die Mittel, um wieder eine Balance zwischen Individualisierung, Selbstverwirklichung und Selbstlosigkeit herzustellen, die in der modernen Gesellschaft aus dem Gleichgewicht gekommen ist und erst wieder neu austariert werden muss.

Die Überbewertung von technischem Fortschritt und ökonomischen Marktwirtschaftlichen Faktoren, befördern den Trend zu einer kühlen Gesellschaft. Nur die Fokussierung und (Wieder-)Entdeckung der sozialen Werte in unserer Gesellschaft kann dies wieder ausgleichen.

Dies sollte auch auf die Menschengruppen im Gemeinwesen übertragen werden. Auf Kommunikation und Beziehungen, die das Zusammenleben verbessern und ausgeglichener gestalten, auf Basis einer Win-Win-Situation. Es sollen konstruktive Beziehungen entstehen, mit Menschen, die sich gegenseitig respektieren, wohlwollen, guttun und helfen. Der Mensch hilft den Mitmenschen und seiner Umwelt, in der er lebt und umgekehrt.

Dafür braucht es Botschafterinnen, die eine wohlwollende Kommunikation und positive Beziehungen pflegen und dieses positive Klima weiterverbreiten.

Quellenangaben

Vorwort (S. 9-11)

Internetquellen:
Seite im Buch: 9
Wikipedia: Die freie Enzyklopädie: Jäger und Sammler. In:
www.wikipedia.de (2022). URL: https://de.wikipedia.org/wiki/Jäger_und_Sammler
(zuletzt abgerufen am: 26.09.2022).
Seite im Buch: 11
Duden: Wörterbuch: Migration. In: duden.de (2022). URL:
https://www.duden.de/rechtschreibung/Migration
(zuletzt abgerufen am: 26.09.2022).

1 Bist du bereit (zu tolerieren) ?! (S.22-36)
Der Darmstädter – Kommunikation unter der Gürtellinie
Seite im Buch: 30
Giulia Enders. (2016). Darm mit Charme. Alles über ein unterschätztes Organ. Berlin. 51. Auflage.

Seiten im Buch: 31-36
Kolleg: Die Darmstädter
Literatur: Historia naturalis vaporum ex corpore humano effluentium, S. Webesio/Susuki, R. Wunderverlag. Leipzig.

2 Ich und Familie, Gesellschaft und Generation (S. 37-59)
Lebensweisheiten und Ratschläge
Seite im Buch: 48
1-4, Francis Stroud, J. (2007). Anthony de Mellos kleine Lebensschule. Freiburg im Breisgau. (Seite 18ff)

5-8, Lundin , C. et al. (2001). Fish! - ein ungewöhnliches Motivationsbuch. Frankfurt am Main. Die Fish!-Philosophie.

Internetquelle: Die FISH-Philosophie. In: jetzt-erfolg-reich.com (2020). URL: https://www.jetzt-erfolg-reich.com/fish-philosophie/ (zuletzt abgerufen am: 22.04.2020).

9 Hesse, H. (2013). Siddharta. Frankfurt am Main. (S. 53).

Allg. Formen und (Ab-)Wege von Kommunikation

Seite im Buch: 57

Modler, Peter (2017). Das Arroganz-Prinzip. So haben Frauen mehr Erfolg im Beruf. Frankfurt am Main. 7. Auflage.

3 Eine wissenschaftliche Arbeit zum Thema menschliche Beziehungen (S. 60-88)
Seite im Buch: 60
Liedtext: „Fusion Natural" von der Band „Matato'a", (frei übersetzt mit Hilfe des Google Translators) Matato'a. „Fusion Natural". Aus dem Album Ma'Ohi. Tupuna Productions. 2002. URL: www.matatoa.com. In: Putumayo World Music. 2006. Putumayo Kids Presents. Latin Playground.

Seiten im Buch 61-88

1 Mitscherlich, Alexander (2006). Die Unwirtlichkeit unserer Städte Anstiftung zum Unfrieden. Ffm. 25. Aufl.

2 Naumann, Frank (2006). Die Kunst der Diplomatie. Reinbek bei Hamburg, 3. Aufl.

3 Reimer, Tom (2020). 2. überarbeitete und erweiterte Auflage der Hausarbeit: Reimer, Tom (2008). Woher kommt in der Moderne die Tendenz zur kühlen Gesellschaft?.

4 Riemann, Fritz (2003). Grundformen der Angst. Eine tiefenpsychologische Studie. München 35. Aufl.

5 Szczesny-Friedmann, Claudia (1994). Die kühle Gesellschaft. Von der Unmöglichkeit der Nähe. München.

Seiten im Aufsatz:

Seite 1: 1 (Szczesny-Friedmann 1994, 10). **Seite 3**: 2-5 (Riemann 2003, 7). 1 (Szczesny-Friedmann 1994, 115). 2-3(Riemann 2003, 13). **Seite 4**: 4-5 (Szczesny-Friedmann 1994, 117). 1-2 (Szczesny-Friedmann 1994, 117). 3 (Riemann 2003, 7). **Seite 4-5:** 4-11 (Szczesny-Friedmann 1994, 117f). **Seite 5-6:** 1-3 (Szczesny-Friedmann 1994, 118f). 4-6 (Riemann 2003, 9). **Seite 6-7:** 1 (Riemann 2003, 8). 2 (Szczesny-Friedmann, 141). 4-10 (Berkman zit. n. Szczesny-Friedmann 1994, 141ff). **Seite 8**: 1-4 (Berkman zit. n. Szczesny-Friedmann 1994, 143f). 5 (Riemann 2003, 7). 6 (Szczesny-Friedmann 1994, 144f). 7 (Riemann 2003, 8). **Seite 9**: 1-2 (Szczesny-Friedmann 1994, 10). **Seite 9-10:** 3-5 (Szczesny-Friedmann 1994, 9). **Seite 10**: 1-3 (Mitscherlich 2006, 66). **Seite 11**: 4-5 (Mitscherlich 2006, 64f). 6-7 (Mitscherlich 2006, 65). 1 (Mitscherlich 2006, 65). 2 (Mitscherlich 2006, 67). **Seite12-13**: 3-5 (Szczesny-Friedmann 1994, 10f). Seite 73: 1-4 (Szczesny-Friedmann 1994, 10f). 5 (Elias zit. n. Szczesny-Friedmann 1994, 11f). 6-9 (Szczesny-Friedmann 1994, 12). **Seite 13**: 1 (Riemann 2003, 14). **Seite 14**: 2-5 (Szczesny-Friedmann 1994, 12f). 6-7 (Szczesny-Friedmann 1994, 21). 8-9 (Szczesny-Friedmann 1994, 15). **Seite 15**: 10-11 (Szczesny-Friedmann 1994, 14). 1-5 (Szczesny-Friedmann 1994, 14ff). **Seite 16**: 6-9 (Szczesny-Friedmann 1994, 22). 10 (Holahan zit. n. Szesny-Friedmann 1994, 22). 1 (Szczesny-Friedmann 1994, 22). 2-3 (Szczesny-Friedmann 1994, 24). 4-6 (Szczesny-Friedmann 1994, 33). **Seite 17-18**: 7 (Szczesny-Friedmann 1994, 24f). 8-11 (Szczesny-Friedmann 1994, 25). 1

(Szczesny-Friedmann 1994, 26). 3-5 (Szczesny-Friedmann 1994, 27f). 6-7 (Max Weber zit. n. Szczesny-Friedmann 1994, 39). 8 (Szczesny-Friedmann 1994, 39). **Seite 18-19**: 1-4 (Szczesny-Friedmann 1994, 39f). 5-6 (Szczesny-Friedmann 1994, 40ff). 7-9 (Szczesny-Friedmann 1994, 45f). **Seite 19-20**: 1 (Naumann 2006, 74). 2 (Szczesny-Friedmann 1994, 48). 3 (Szczesny-Friedmann 1994, 16f). **Seite 21-22:**4-5 (Szczesny-Friedmann 1994, 16f). 1-9 (Szczesny-Friedmann 1994, 16f). 1-3 (Szczesny-Friedmann 1994, 16ff). **Seite 23-24:** 4-7 (Szczesny-Friedmann 1994, 17ff). 1-3 (Szczesny-Friedmann 1994, 19f). 4-5 (Straus zit. n. Szczesny-Friedmann 1994, 20). 6-10 (Szczesny-Friedmann 1994, 20f). 11 (Riemann 2003, 14).

4 Rettungsversuche:
vom Gemeinschaftshaus zur Rettung
der Weltgemeinschaft
Seiten im Buch: 89-99

Reimer, Tom (2008). Erkenntnisbericht der Interviews geführt vom 12.11.2008 bis 19.12.2008 in Darmstadt-Arheilgen. 2. Erweiterte und überarbeitete Auflage, 2020.

Seite im Buch: 96

Noack, W. (1999). Gemeinwesenarbeit. Ein Lehr- und Arbeitsbuch. Freiburg im Breisgau.

1 (Noack 1999, S. 26).

5 Realität und Utopie der Migration (S. 100-120)
Ein Sonderkapitel auf der Basis von Reise- und Sicherheitshinweisen*
„Die Lieferanten des Lächelns"
Internetquellen:
Seiten im Buch: 100-112

Auswärtiges Amt: Guatemala: Reise- und Sicherheitshinweise. In: auswärtiges-amt.de (2017). URL: https://www.auswaertiges-amt.de/DE/Laenderinformationen/00-SiHi/GuatemalaSicherheit.html (zuletzt abgerufen am: 15.05.2017).
Seiten im Buch: 112-116
Bundesministerium Europäische und internationale Angelegenheiten: Guatemala (Republik Guatemala). In: bmeia.gv.at (2017). URL: https://www.bmeia.gv.at/reiseaufenthalt/reiseinformation/land/guatemala/ (zuletzt abgerufen am: 15.05.2017).

Seiten im Buch: 117-118
Schweizerische Eidgenossenschaft: Eidgenössisches Departement für auswärtige Angelegenheiten EDA. In: eda.admin.ch (2020). URL: https://www.eda.admin.ch/eda/de/home/vertretungen-und-reisehinweise/deutschland/reisehinweise-fuerdeutschland.html (zuletzt abgerufen am: 08.01.2020).

Fazit
Seite im Buch: 119
Riemann, Fritz (2003). Grundformen der Angst. Eine tiefenpsychologische Studie. München 35. Aufl.

Internetquellen
Seite im Buch:120
Wikipedia: Die freie Enzyklopädie: Yin und Yang. In: www.wikipedia.de (2022). URL: https://de.wikipedia.org/wiki/Yin_und_Yang (zuletzt abgerufen am: 26.09.2022).

Dank

Ich danke allen, die mitgewirkt haben und mich auf meiner Reise begleiteten. Der lieben Familie, Freunden und Bekannten, aber auch Feinden, Opportunisten und Unbekannten. Mein Dank gilt der Natur der Dinge, Haus- und Wildtieren und Kräutern und Pflanzen. Insbesondere der Kaffeepflanze, aber auch dem Lavendel. Ich möchte meiner Hand danken, den Fingern und Fingerknochen, den vielen Muskeln, Sehnen und Knorpeln, die so gut zusammengearbeitet haben. Meinem Arm und den Schultern über den Hals bis hoch hinaus zum Kopf, der alle Ideen, Gedanken und Befehle so wunderbar koordiniert und in einen lesbaren Erfolg umgesetzt hat. Ein großer Dank gilt auch der frischen Luft, dem Sauerstoff und der Bewegung, die mir geholfen haben Kraft und Elan zu bilden, um dieses Buch zu schreiben. Ich muss meinem sozialen und insbesondere auch Bildungsumfeld für die Ausbildung, das Training, die Domestizierung und Sublimierung danken, die es mir ermöglicht hat, ein Buchprojekt zu planen, zu schreiben und letztendlich zu veröffentlichen. Nicht zuletzt und weiterhin danke ich noch dem guten Kaffee aus Guatemala, dem Knoblauch und den feinen Speisen, die mit ihm verbunden sind, sowie Ingwer und Petersilie. Mein besonderer Dank gilt meinen Eltern, meiner Oma, die über 100 Jahre jung ist und meinem lieben Onkel Theo, der gegen den Rest der Welt kämpft. Meiner Frau Mercedes und meinem Sohn Leo.